Ihr Hobby

Frösche, Kröten und Unken

Dominik Kieselbach

Danksagung:
Mein Dank gilt meiner Familie und allen Freunden, ohne deren Toleranz und
Unterstützung mir mein Hobby Terraristik nicht möglich gewesen wäre. Mein
besonderer Dank gilt meiner Frau Julia für Ihre Hilfe bei der Fertigstellung dieses Buchs.

© 2000 by bede-Verlag, Bühlfelderweg 12, D-94239 Ruhmannsfelden
E-mail: Info@bede-Verlag.de; Internet: http://www.bede-verlag.de
Konzept der Reihe „Ihr Hobby...", Herstellung und Gestaltung: bede-Verlag

Bildnachweis: Isabelle Francais, K. H. Switak, W. P. Mara, J. Kellner, Paul Freed, R. D. Bartlett,
R. T. Zappalorti, M. P. & C. Piednoir, K. T. Nemuras, Mark Staniszewski, Zoltan Takacs,
U. E. Friese, Mark Smith, Aaron Norman, David Zoffer, Michael Gilroy, John Coborn, E. Elkan,
David Green, George Dibley, L. Wischnath, Jim Merli, Ken Lucas, Dr. Jürgen Schmidt,
Archiv bede-Verlag, Aqualife Taiwan, Terrario Magazin, Frankreich

ISBN: 3-933 646-40-5
bede-Bestellnummer: HO 398

INHALTSVERZEICHNIS

Einleitung

Amphibien zu halten und sich für sie zu begeistern ist auch heute noch ein besonderes Hobby, das häufig auf Unverständnis stößt. Wir Terrarianer haben aber für uns das gewisse Etwas in diesen interessanten und schönen Tieren entdeckt und es uns zur Aufgabe gemacht, sie zu pflegen und zu vermehren. Die ständig fortschreitende Zerstörung der natürlichen Lebensräume macht es immer notwendiger, Frösche nicht nur möglichst lange am Leben zu erhalten, sondern ihnen eine Umgebung zu schaffen, in der sie sich auch fortpflanzen. So können wir uns auch künftig, wenn schon viele Arten nicht mehr aus ihrer Heimat exportiert werden dürfen, an diesen erfreuen. Sollten Sie schon länger zu uns Froschliebhabern gehören, dann wissen Sie, wie mühselig und zeitaufwendig die Froschzucht und auch schon die Inbetriebnahme eines funktionierenden Terrariums ist. Dem Einsteiger möchte ich es zumindest einmal deutlich gesagt haben: Die Haltung und Vermehrung von Amphibien ist in meinen Augen eines der anspruchsvollsten und schwierigsten Kapitel der Heimtierhaltung. Uns stehen viele Hilfsmittel der modernen Aquaristik nicht zur Verfügung und wir sind oftmals auf Eigenkonstruktionen auf allen Ebenen angewiesen. Vielleicht liegt aber in diesem immer noch bestehenden Pioniergeist ein Grund für das stetige Interesse an diesen faszinierenden Tieren, deren Haltung uns nun schon über Jahrzehnte hinweg fesselt und erfreut. In diesem Sinne wünsche ich Ihnen viel Spaß und Erfolg mit Ihren Lieblingen und viel Freude bei der Lektüre dieses Buchs.

Die Faszination, die von Amphibien ausgeht, muß natürlich nicht jeden erreichen. Sich der Schönheit eines Rotaugenlaubfroschs, *Agalychnis callidryas,* zu entziehen, fällt jedoch schwer.

Die Evolution der Anuren

Das Alter unserer Erde wird heutzutage auf ungefähr 4,5 Milliarden Jahre geschätzt. Der Sauerstoff wurde durch anorganische Prozesse, wie die Eisenoxidation und Verbrennung, chemisch gebunden. Ohne Sauerstoff konnte sich aber keine schützende Ozonschicht (O_3) bilden und die energiereiche UV-Strahlung gelangte ungehindert bis auf die Erde. Diese energiereiche Strahlung war die Antriebskraft für viele chemische Reaktionen, die zu organischen Verbindungen und somit zum ersten Leben vor etwa vier Milliarden Jahren auf der Erde führten. Vor ungefähr zwei Milliarden Jahren trennte sich der evolutive Weg von prokaryotischen und eukaryotischen Zellen. Prokaryotische Zellen sind schon in drei Milliarden Jahre alten Erdschichten gefunden worden. Sie sind sehr einfach aufgebaut, besitzten keinen Zellkern, ihre DNS liegt ringförmig einfach an der Zellwand angelagert und die Zelle ist nicht in funktionellen Einheiten (Kompartimente) organisiert. Lebende Beispiele sind neben den Bakterien auch alle Blaualgen, die Cyanobakterien. Die eukaryotische Zelle besitzt einen Zellkern, in dem sich das Erbgut befindet, und eine Vielzahl von Zellorganellen, die in Reaktionsräumen voneinander getrennt angeordnet sind. Aus diesen Zellen leiten sich in verschiedensten evolutionären Schritten alle höheren Tiere und Pflanzen ab. Eukaryoten gibt es schon seit 1,2 Milliarden Jahren, doch es dauerte noch beinahe 500 Millionen Jahre, bis sich das erste mehrzellige Leben entwickelte. Vor etwa 600 bis 700 Millionen Jahren erscheinen die ersten tierischen Mehrzeller (Metazoa, im Gegensatz zu den Einzellern = Protozoa) und höheren Pflanzen. Im späten Devon finden sich dann erste Anzeichen für die Vorgänger der Amphibien und somit aller Landwirbeltiere. Die Landgänger mußten atmosphärischen Sauerstoff atmen, sich an Land bewegen können und einen Hautschutz gegen Vertrocknung besitzen. Zwei rezente Tiergruppen haben diese Voraussetzungen zumindest teilweise und lassen sich bis ins Devon zurückverfolgen. Zum einen sind da die Lungenfische (Dipnoi), die über eine Lungenatmung und ein den Amphibien ähnliches Herz-Kreislaufsystem verfügen. Die Larven der Lungenfische zeigen zudem einige bemerkenswerte Gemeinsamkeiten mit den Larven der rezenten Amphibien. Sie besitzen Federkiemen sowie ein Haftorgan an der Bauchseite. Jedoch weisen sie im Gegensatz zu den Landwirbeltieren auch starke morphologische Unterschiede im Aufbau des Schädels auf, so daß eine andere Gruppe als Urahn gelten muß. Es sind dies die Quastenflosser, deren Vertreter als Crossopterygii zusammengefaßt werden. Ihre Nachfahren, die Labyrinthodonta, gelten als erste Landwirbeltiere (Tetrapoda = Vierbeiner). Eine entscheidende Anpassung war die Umformung der Vorderflossen zu Extremitäten, die eine Fortbewegung an Land ermöglichten. Beachtenswert ist, daß die Vorläufer im Süßwasser lebten. Andere Übergänge ans Land entstanden aus dem Salzwasser. Der evolutive Vorteil für diese Tiere, die ebenfalls in der Lage waren, atmosphärischen Sauerstoff über Lungen zu atmen, lag darin, kurz und eher in Ausnahmesituationen aufgehalten haben. Die Größe einiger Pionieramphibien war enorm. So konnte einer der Größten, *Mastadonsaurus*, bis zu vier Meter lang werden. Sein Aussehen glich eher dem eines Krokodilkopfs mit Salamanderkörper. Die erste

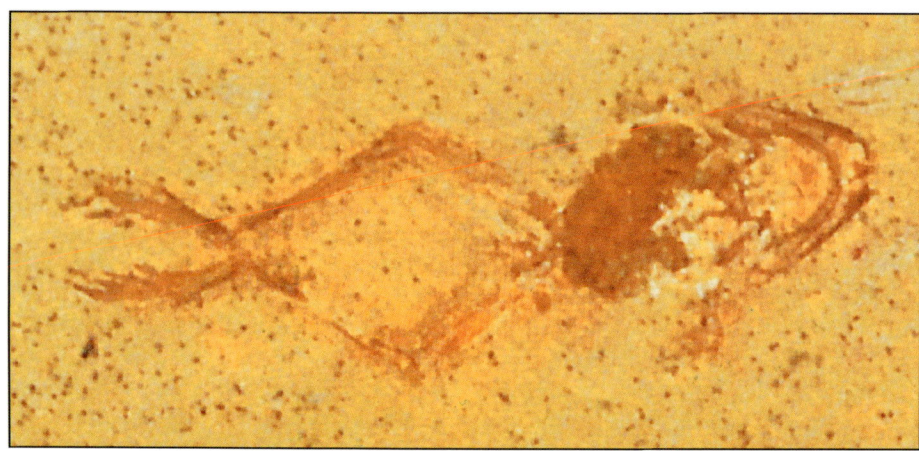

Diese Versteinerung eines adulten Froschs wurde in 170 bis 200 Millionen Jahre alten Gesteinsschichten aus dem Jura gefunden

daß sie kurze Strecken über Land gehen konnten, wenn ihr eigener Tümpel austrocknete oder keine Nahrung mehr bot. Diese ersten Landgänger waren jedoch noch sehr an das Wasser gebunden und sicherlich auch ihrer Erscheinung nach mehr ein Fisch als ein Amphibium. Die Haut war mit Schuppen, später in der Entwicklung mit knöchernen Platten als Schutz bedeckt, die Vierstrahligkeit der Extremitäten ist zwar sichtbar, eine Übereinstimmung mit den Extremitäten moderner Landwirbeltiere aber nur zu erahnen. An Land dürften sie sich nur Versteinerung eines modernen Amphibiums läßt sich erst in 170 Millionen Jahre alten Erdschichten finden. Es handelt sich hierbei um einen Frosch aus dem Jura. Bisher konnten keine Übergangsformen zwischen den ersten Amphibien und unseren heutigen Arten gefunden werden, so daß hier nur spekuliert werden kann. Wissenschaftler vermuten, daß die Ichthostegalia die Vorläufer der heutigen Amphibien und somit auch die Ahnen alle anderen Landwirbeltiere wie der Reptilien, Vögel und Säugetiere sind.

Die Biologie der Anuren

Die Amphibien bilden eine Klasse der Landwirbeltiere (Tetrapoda) und sind in drei Ordnungen unterteilt.

1. Schwanzlurche (Caudata oder Urodela)

Hierzu gehören alle Salamander und Molche, die mit ungefähr 360 Arten in 60 Gattungen vertreten sind. Sie zeichnen sich alle durch das Vorhandensein eines mehr oder weniger langen Schwanzes aus. Ihr Vorkommen ist auf die nördliche Halbkugel beschränkt, nur in Südamerika überqueren sie den Äquator. Ihre Larven tragen Kiemen, die erwachsenen Tiere atmen grundsätzlich über Lungen, auch wenn sie das Wasser meist nie verlassen. Der Unterschied zwischen Salamandern und Molchen besteht eher im Sprachgebrauch, als in der Biologie. Als Salamander bezeichnet der Volksmund mehr Vertreter, die recht unabhängig vom Wasser geworden sind. Mit Molchen meint man Tiere, die ständig ans Wasser ge-

bunden sind und sich hier die meiste Zeit aufhalten. Einige Salamander besitzen eine ausschleuderbare Zunge ähnlich der der Frösche.

2. Blindwühlen (Gymnophiona)

In Anpassung an ihre meist unterirdische, grabende Lebensweise zeigen die auch als Apoda (="Beinlose") bezeichneten Blindwühlen viele Anpassungen. Neben den Extremitäten fehlen ihnen selbst der Schulter- und Beckengürtel. Ihre Augen sind reduziert und nur der rechte Lungenflügel ist aktiv. Einige

Arten kommen auch oberirdisch vor und mehrere leben im Wasser. Sie zeigen als ursprüngliches Merkmal noch Knochenschuppen in der Haut. Die Verbreitung beschränkt sich auf tropische Gebiete in Zentral- und Südamerika, Afrika und Asien. Ihre Größe variiert von nur 7 cm bis zu über einem Meter. Sie sind mit nur 160 Vertretern in 30 Gattungen recht artenarm und die kleinste Ordnung der Amphibia.

Der Feuersalamander, *Salamandra salamandra*, gehört zu den zwei heimischen Salamanderarten.

Auf den ersten Blick könnten Sie diese Koh-Tao-Blindwühle auch mit einer Schlange verwechseln. Biologisch unterscheiden sie sich aber deutlich voneinander.

3. Froschlurche
(Anura oder Ecaudata)

Der Waldfrosch, *Rana sylvatica*, entspricht in seinem Aussehen sicher dem Prototyp dessen, was allgemein als Frosch bezeichnet wird.

In diese Gruppe gehören alle Frösche, Kröten und Unken und wenn ich in diesem Buch im allgemeinen Teil über Frösche rede, meine ich meist die ganze Ordnung der Froschlurche. Mit rund 4 000 beschriebenen Arten in 300 Gattungen sind sie die mit Abstand größte Ordnung der Klasse Amphibia. So artenreich die Anuren sind, so verschieden sind sie auch. Wir finden sie in allen Teilen der Erde mit Ausnahme der Pole und selbst in Wüstengebieten erscheinen sie, wenn es dort gelegentlich regnet. Die Tro-

Die häufig gepflegte Aga-Kröte, *Bufo marinus*, zeigt mit ihrer trockenen, warzigen Haut und den auffälligen Protoiddrüsen typische Krötenmerkmale.

ckenperioden überdauern sie dort metertief eingegraben unterhalb der Erde. Zum Schutz vor Austrocknung haben viele eine lederne Haut entwickelt oder balsamieren sich regelrecht mit einer Wachsschicht ein. Im Sprachgebrauch unterscheidet man, zwischen Frosch und Kröte. Auch der Buchtitel unter-

stellt mit „Frösche, Kröten und Unken" eine derartige Aufteilung der Anuren, die so aber nicht existiert. Nichtsdestotrotz eignet sie sich recht gut für eine grobe Einteilung und wird deshalb auch im halbwissenschaftlichen Bereich gerne übernommen. Unter Kröten verstehen wir generell eher trockene und warzige Anuren mit einer mehr laufenden, als hüpfenden Fortbewegungsweise. Die Bezeichnung Frosch verkörpert den glitschigen, feuchten und springenden Vertreter, eine Unke ist schon eher warzig, klein und feucht. Die Biologen hingegen teilen die Anuren in sechs Unterordnungen ein, deren Unterscheidungsmerkmal die Form der Wirbel darstellt. In einer weiteren Unterteilung unterscheiden wir dann die verschiedenen Familien. Hier treffen wir dann so bekannte Namen wie Bufonidae (Eigentliche Kröten), Ranidae (Echte Frösche), Hylidae (Echte Laubfrösche), Dendrobatidae (Pfeilgiftfrösche), Pipidae (Wabenkröten) und andere mehr. Auch die Anuren konnten sich nicht gänzlich vom Wasser unabhängig machen. Bis auf wenige Ausnahmen müssen sie zumindest zur Laichablage ein Gewässer aufsuchen, in dem die Kaulquappen heranwachsen und ihre Metamorphose zum Frosch durchlaufen können. Einige Spezialisten haben dennoch Wege gefunden, den Nachwuchs unabhängig von der Laichablage in einem Gewässer aufzuziehen. So haben Angehörige der Gattung *Gastrotheca* (Beutelfrösche, Familie Hylidae) eine Rückentasche ausgebildet, in der die Entwicklung je nach Art bis zum Kaulquappenstadium oder sogar bis zum fertigen Jungfrosch verläuft. Viele Dendrobaten (Pfeilgiftfrösche, Familie Dendrobatidae) betreiben Brutpflege, indem sie das Gelege, das sich oft auf dem Land befindet, regelmäßig bewässern und die geschlüpften Larven dann zum Wasser transportieren. So ausgefeilt der Entwicklungsweg ist, es ist immer die Abfolge vom Ei zur Kaulquappe über eine Metamorphose zum Frosch. Sie werden oft lesen können, daß diese Entwicklung im Zeitraffer die Stammesgeschichte der Amphibien widerspiegelt. Dies ist in meinen Augen eine recht irreführende Aussage, haben doch die modernen Larven ebensowenig mit den aquatischen Fischvorfahren zu tun, wie unsere modernen Amphibien mit ihren Vorläufern an Land. Warum sich nur die adulte Form

Die Larven von Epipedobates pictus, schlüpfen an Land und werden dann vom Männchen in ein Gewässer getragen.

vom Wasser unabhängig machte, nicht aber die Larve, ist wohl nur spekulativ und bisher nicht schlüssig zu beantworten. Die Umstrukturierung des Körpers endet bei der Metamorphose nicht in der Ausbildung der Extremitäten, eines Mundes und der Reduzierung des Schwanzs, sondern setzt sich im Innern der Larve fort. Dort bilden sich Lungen aus und der gesamte Darmtrakt wird neu gebildet. Äußerlich ist diese tiefgreifende innere Veränderung nur durch den Wegfall der Kiemenbüschel zu erahnen. Der „fertige" Froschlurch besitzt nun Lungen, keinen Schwanz und noch ein paar Besonderheiten, auf die ich aber nur kurz eingehen möchte. Der Körperbau und das Skelett eines Froschlurches sind in erster Linie als eine Anpassung an eine springende oder hüpfende Fortbewegung zu sehen, auch wenn es sekundär, vor allem durch Grabbeine oder -füße, neue Anpassungen gegeben hat.

Die Hinterbeine sind stark verlängert, der Schwanz ist zusammengeschmolzen. Das gesamte Skelett zeigt viele Reduzierungen. So besteht die Wirbelsäule aus maximal acht Wirbeln und auch die Schädelknochen sind stark reduziert und verschmolzen. Man kann gerade an den Extremitäten einige besondere Anpassungen an den Lebensraum finden, wie die Haftschei-

Die kehlständige Schallblase ist häufig paarig angelegt, wie bei diesem rufenden *Rana virgatipes* deutlich zu sehen ist. Viele Laubfroscharten und Kröten besitzen nur eine Schallblase, die mehr oder weniger stark mit Luft gefüllt werden kann und nicht immer sichtbar ist

ben vieler baumbewohnenden Arten oder die Ausbildung von Schwimmhäuten, die teilweise auch Baumbewohner zum Gleitflug befähigen. Ein sehr primitives Merkmal der Froschlurche ist die äußere Befruchtung. Hier findet keine innere Begattung statt,

sondern das Männchen gibt seine Spermien erst auf die gelegten Eier. Die Haut der Froschlurche ist sehr drüsenreich und häufig feucht. Sie ist sehr empfindlich gegen Schadstoffe, da diese leichter durch die feuchte Haut der Amphibien eindringen können, als es bei unserer Lederhaut möglich ist. Frösche nehmen über die Haut Wasser und Sauerstoff, aber dadurch auch schädliche Umweltgifte auf. Ein weiteres Merkmal der Anuren sind sicherlich ihre Rufe. Dieses mehr oder weniger laute Quaken oder Trillern wird mittels einer Schallblase erzeugt, die oft paarig am Hals angelegt ist. Die Rufe sind artspezifisch und lassen sich mit etwas Übung gut auseinander halten. Die Schallblase findet sich nur bei männlichen Tieren, was ein gutes Unterscheidungsmerkmal der Geschlechter, die sich ansonsten vornehmlich durch die Größe - Weibchen sind oft deutlich größer - oder die Brunftschwielen der Männchen unterscheiden lassen. Die Larven der Anuren zeigen morphologische Anpassungen vor allem in der Beschaffenheit des Mundfeldes. Hier finden Sie unterschiedliche Ausprägungen, die von trichterförmigen Öffnungen für einstrudelnde Larven bis zu zähnchenbesetzten Mundfeldern bei grasenden Larven reichen. Den unterschiedlichen Anpassungen an den Lebensraum und die Nahrung muß selbstverständlich sowohl bei den adulten Tieren, als auch bei den Larven Rechnung getragen werden. Hinweise auf eine artgerechte Haltung finden Sie sowohl im allgemeinen Teil, wie auch in der speziellen Artenbesprechung an Ende des Buchs.

Die wissenschaftliche Artenbezeichnung und der biologische Artbegriff

Bei der Vielzahl der fossilen und rezenten Arten im Tier- und Pflanzenreich wurde im Laufe der Zeit eine Vereinheitlichung der Namensgebung aller schon beschriebenen und aller neu entdeckten Arten notwendig. Es war durch die Menge der entdeckten Tiere und Pflanzen nicht mehr möglich, eine Art anhand ihres Trivialnamens eindeutig zu beschreiben, da diese Namen zu starken regionalen und überregionalen Veränderungen unterworfen waren. Karl von LINNÉ (1707-1778) führte die binäre Nomenklatur ein, nach der eine Art durch den groß geschriebenen Gattungsnamen und dem klein geschriebenen Artnamen in lateinischer Sprache eindeutig benannt wird. Nehme ich

den einheimischen Laubfrosch, *Hyla arborea*, als Beispiel, so bezeichnet *Hyla* die Gattung und *arborea* ist der eindeutige Artname, der wissenschaftlich auch Epitheton genannt wird. Mit dieser Benennung ist eindeutig, welcher Frosch gemeint ist.

Was aber ist eine Art? Die Biologie definiert die Art als eine Fortpflanzungsgemeinschaft, die einen Genpool (Gesamtheit der Gene der Fortpflanzungsgemeinschaft) bildet, sich aber nur untereinander und nicht mit Individuen von außerhalb fortpflanzt. Diese Definition stößt jedoch schnell an ihre Grenzen. Viele Arten leben in Populationen, die sich untereinander faktisch nie treffen, sich somit auch nicht miteinander paaren und nach der Definition jeweils eine Art bilden. Dies macht dann keinen Sinn, wenn der einzige Unterschied die geographische Verbreitung ist und so wird auch bei der Bestimmung neuer Arten auf breiter Linie nach morphologischen und neuerdings auch genetischen Gemeinsamkeiten zu schon beschriebenen Arten gesucht. Je nach Befund wird diese neu entdeckte Population dann zu einer neuen Art erklärt und erhält einen eigenen Namen oder wird einer schon beschriebenen Art zugeordnet. Hier kann es auf Grund von geographischen Eigenheiten zur Benennung einer neuen Unterart kommen, die nach dem übergeordneten Artnamen einen dritten Namensteil erhält, der oft Bezug auf den geographischen Fundort nimmt.

Wird ein Frosch gefunden, der zunächst nicht bestimmt werden kann, erhält er zunächst keinen Artnamen, sondern die Abkürzung spec. für species, wie dieser Westafrikanische Riedfrosch, *Hyperolius* spec. Erst wenn durch umfangreiche Untersuchungen sichergestellt ist, daß diese Art noch nicht beschrieben wurde, kann der Frosch benannt werden.

Terrarium als Lebensraum

Grundsätzliches zur Haltung

So unterschiedlich die Herkunft und Lebensweise der meisten Amphibienarten ist, so verschieden sind auch die Terrarien, die wir unseren Pfleglingen bereitstellen müssen. Es gibt jedoch einige grundsätzliche Dinge zu beachten, die für jeden Terrarientyp gleich sind.

Es gibt sicherlich unterschiedliche Ansichten zur Vergesellschaftung verschiedener Amphibienarten in einem Terrarium. Ich persönlich bin schon früh dazu übergegangen in einem Terrarium nur eine Art zu halten. Wenn Sie Ihre Tiere zur Vermehrung bringen wollen, sollten Sie auf jeden Fall eine Vermischung verschiedener, untereinander fortpflanzungsfähiger Unterarten vermeiden. Giftige Arten dürfen Sie niemals mit anderen giftigen oder ungiftigen Individuen gemeinsam halten, ebenso sollten Sie nur gleichgroße Arten mit möglichst identischen Ansprüchen an Lebensraum, Lebenszyklus, Aktivitätszeiten und Futteransprüchen zusammen halten. Kommen wir nun zu den Terrarien.

Aufbau des Terrariums

Wenn Sie ein Terrarium kaufen oder selbst bauen, sollten Sie unbedingt auf

Bei der Einrichtung eines Terrariums sollten Sie den natürlichen Lebensraum der Frösche so gut wie möglich nachahmen. Dieser Teil des Tropischen Regenwaldes in den Bergen Guatemalas gibt einen dichten Bewuchs und eine hohe Luftfeuchtigkeit vor

folgende Punkte achten, die einen einwandfreien Betrieb erst ermöglichen: Das Terrarium sollte immer einen wasserdichten Grund haben, da häufig kein separater Wasserteil mehr eingebaut wird - vor allem bei Aquaterrarien - und vom feucht gehaltenen Bodengrund kein Sickerwasser austreten soll. Ich selbst bevorzuge Vollglasterrarien, die ich entweder selbst baue oder von einem Terrarienbauer nach Maß anfertigen lasse.

Der Behälter sollte leicht zugänglich sein, möglichst von zwei Seiten. Hierzu eignen sich Schiebetüren an der Vorderseite und eine Klappe oder abnehmbare Abdeckung an der Oberseite. Diese Abdeckung muß zumindest an bestimmten Stellen durchlässig für UV-Licht sein. Bei Schiebetüren vergessen Sie nicht, den entstehenden Zwischenraum mit Schaumstoff oder Kork abzudichten.

Eine gute Durchlüftung des Terrariums muß gegeben sein. Hierzu müssen zwei Belüftungsschlitze entgegengesetzt und versetzt zueinander angebracht sein. Zur Abdeckung der Schlitze sollte nur rostfreie Metallgaze verwendet werden. Die Abdeckung darf nicht komplett aus Gaze bestehen, da sonst zuviel Feuchtigkeit und Wärme entweichen kann. Die Beschaffenheit von Wasser- und Landteil richtet sich nach den verschiedenen Terrarientypen, die ich später bespreche.

Standort

Bedenken Sie in aller Ruhe vor der Anschaffung, wo Sie Platz für ein Terrarium haben. Bei ein oder zwei Behältern ist dies sicherlich noch kein großes Problem, wenn es dann aber an die Aufzucht von Jungtieren geht, sollten Sie schon im Vorfeld genauer planen. Ideal ist ein Hobbyraum, der viel Platz bietet und beliebig eingerichtet werden kann. Hier bietet sich ein Regalsystem an, in das die Terrarien gestellt werden.

Setzen Sie die Terrarien niemals unkontrolliert der Sonne aus. Es kann sehr schnell zu einer extremen Überhitzung kommen, die Ihre Tiere nicht überleben werden. Ebenso sollten die Terrarien nicht in Zugluft stehen.

Beleuchtung

Auch wenn Ihr Terrarium in Fensternähe steht und Tageslicht einfallen kann, reicht dies sicher nicht für eine optimale Beleuchtung aus. Sowohl die Fensterscheiben, als auch die Terrarienwände filtern die wichtige UV-Strahlung aus dem natürlichen Spektrum heraus. Dieser Tatsache müssen Sie Rechnung tragen, denn obwohl viele Frösche ein recht verstecktes Leben führen, nachtaktiv oder ständig vergraben sind, brauchen sie doch Licht für einen gesunden Stoffwechsel und einen vernünftigen Tag- und Nachtwechsel für ihr Verhalten. Wenn Sie Ihr Terrarium bepflanzen, was bei den meisten Terrarientypen selbstverständlich und wichtig ist, brauchen Sie für einen gesunden Pflanzenwuchs ebenfalls eine zusätzliche Lichtquelle. Zur Beleuchtung empfehle ich zwei unterschiedliche Lampentypen. Da gibt es die verbreiteten Leuchtstoffröhren, die Sie in verschiedenen Längen und Lichtspektren erhalten. Fragen Sie am besten im Spezialgeschäft nach der für Ihre Verhältnisse geeigneten Version. Grundsätzlich kann ich Leuchtstoffröhren sehr empfehlen, denn sie erzeugen eine nahezu perfekte Kopie des natürlichen Lichts. Erkundigen Sie sich bei Ihrem Händler nach der Betriebsdauer der Röhre, denn sie verliert ihr natürliches Strahlungsspektrum schon bevor sie für Sie sichtbar kaputt geht. Sie können bei größeren Terrarien verschiedene Röhrentypen kombinieren und so eine spezielle UV-Röhre und einige Tageslichtröhren anbringen. Die Beleuchtung installiere ich grundsätzlich ausserhalb der Terrarien, um Komplikationen zwischen Elektrizität und hoher Luftfeuchtigkeit gar nicht erst entstehen zu lassen. Das Licht der UV-Röhre muss dann durch die Gazeabdeckung scheinen, um eine Filterung der UV-Anteile durch das Glas zu vermeiden. Immer

beliebter werden HQL-Lampen. Es handelt sich hierbei um Hochdruck-Quecksilberlampen, die eine große Lichtintensität erreichen und das natürliche Spektrum sehr gut widergeben. Sie sind lange haltbar, was ihre höheren Anschaffungskosten rechtfertigt. Es genügt in der Regel eine Lampe für ein Terrarium oder mehrere Kleinterrarien. Die Lampen entwickeln eine starke Wärme, und Sie sollten die Temperaturentwicklung im Terrarium und an den beschienen Glasscheiben (!) auf jeden Fall besonders beobachten. Leuchtstoffröhren können Sie bedenkenlos direkt über dem Terrarium anbringen, die HQL-Lampe sollte in einiger Entfernung (20 bis 30 cm) angebracht werden. Um den für die Fortpflanzungsperiode wichtigen Wechsel der Tag- und Nachtlänge nachzuahmen, schalten Sie am besten eine Zeitschaltuhr ein. Diese kann dann auch die

Obwohl sich die Westliche Schaufelfußkröte, *Scaphiopus hammondi,* häufig eingräbt, braucht auch ihr Terrarium eine Beleuchtung, um der natürlichen Photoperiode gerecht zu werden.

Heizung steuern. Eine Dämmerungs-
phase sollten Sie den Tieren genauso
gönnen - hier reicht Zimmerlicht - wie
eine absolute Dunkelheit.

Wasser und Luftfeuchtigkeit

Für das Wasser im Terrarium gelten die
gleichen Maßstäbe, wie für das Aqua-
rienwasser. Es muß eine Topqualität
besitzen, also frei von Schadstoffen sein.
Leitungswasser muß unbedingt ein
paar Tage stehengelassen werden, damit das ätzende Chlor entweichen kann.
Gerade bei aquatisch lebenden Fröschen oder bei Terrarien mit großem
Wasserteil (siehe auch Teil Aquaterrarium) müssen Sie mit einer Filteranlage arbeiten und die Wasserqualität
regelmäßig überprüfen. Bekannte
Zusätze aus der Aquaristik helfen Ihnen,
die gewünschten Werte zu erreichen.
Hierbei können Sie grundsätzlich das
Wasser so aufbereiten, daß es leicht
sauer und vor allem weich ist. Als Richt-
werte empfehle ich Ihnen, das Wasser
auf 1,5° dH und pH 6 bis 7 einzustellen,
was etwa der Beschaffenheit von abge-
standenem Regenwasser entspricht.
Das Wasser muß regelmäßig gereinigt
werden, sonst ist es ein idealer Nährboden für Krankheitskeime, die über
die empfindliche Froschhaut schnell
eindringen können. Je nach Froschart
müssen Sie in Ihrem Terrarium für eine
mehr oder weniger hohe Luftfeuchtigkeit sorgen. Viele Kröten und auch einige andere Frösche verfügen über eine
mehr trockene, derbe Haut. Ihnen

genügt eine relative Luftfeuchtigkeit
von 60 bis 70% völlig aus. Viele Froscharten hingegen brauchen konstant
hohe relative Luftfeuchtigkeit von über
80%, die zur Paarungsstimulation sogar
konstant auf nahe 100% gehalten werden muß. Dies erreichen Sie am einfachsten durch Besprühen mit einem
handelsüblichen Blumensprüher, der
allerdings sehr fein zerstäuben sollte.
Es sollte reichen, wenn Sie einmal mor-
gens und einmal abends sprühen.
Nimmt die Feuchtigkeit zu schnell ab,
ist die Durchlüftung Ihres Terrariums
wahrscheinlich zu hoch, im anderen Fall
bildet sich Staunässe und die Luftfeuchtigkeit sinkt gar nicht oder kaum
ab. Hier sollten Sie auf jeden Fall etwas
an der Belüftung ändern und entsprechend die Luftschlitze vergrößern oder
verkleinern. Oft erreichen Sie eine ideale Befeuchtung der Luft und eine ange-

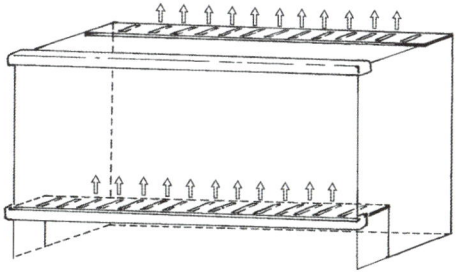

Unnötige Zug-
luft vermeiden
Sie, indem Sie
die Be- und
Entlüftungs-
schlitze ver-
setzt gegenü-
ber anbringen.

messene Luftumwälzung im Terrarium, indem Sie einen Sprudelstein ins
Wasserteil legen. Sie sollten grundsätzlich einen Feuchtigkeitsmesser (Hygro-
meter) im Terrarium installieren, um
die relative Luftfeuchtigkeit jederzeit

kontrollieren zu können. Bevor Sie sprühen, müssen Sie das Gerät allerdings entfernen, um eine richtige Anzeige zu gewährleisten.

Pflanzen und Bodengrund

Als Bodengrund für den Wasserteil meiner Terrarien nehme ich feineren Aquarienkies, der zunächst gründlich gewaschen werden muß. Bei kleineren Schalen als Wasserteil nehme ich gar keinen Bodengrund, sie lassen sich so leicht entnehmen und reinigen. Wasser-

① Trennscheibe
② Bodengrund
③ Trenngitter
④ Kieselgrund
⑤ Abfluß

pflanzen sehen schön aus und verbessern die Wasserqualität unbestreitbar. Allerdings brauchen diese Pflanzen auch ihren Platz und ich kann sie nur bei Aquaterrarien mit Filteranlage empfehlen.

Als Bodengrund für den Landteil nehmen Sie ein Erde-Torf-Gemisch oder auch ein Gemisch mit Orchideenerde. Verwenden Sie bitte nur ungedüngte Erde und achten Sie sehr genau darauf, daß sich keine Fäulnis durch Staunässe bildet! Gerade wenn Sie bemüht sind, eine hohe Luftfeuchtigkeit zu halten, häufig sprühen und es regnen lassen, sollten Sie den Landteil in mindestens zwei Schichten anlegen: Zunächst eine Schicht aus sehr groben Kies, darauf ein feinmaschiges, rostfreies Gitter und erst hierauf die Erdschicht. Das überschüssige Wasser kann durch die Erdschicht in den Kiesbereich sickern. Hier sollte dann ein Ablauf installiert sein, um das überschüssige Wasser zu entfernen. Grabende Arten bekommen in fauliger Erde schnell Infektionen die schwer zu stoppen sind. Sie können in solchen Fällen auch ganz auf Torf und Erde verzichten und als Bodensubstrat *Sphagnum*-Moos anbieten.

Bei der Bepflanzung des Landteils greife ich in der Regel auf einige wenige Pflanzenarten zurück, die sich schon seit Jahrzehnten in der Terraristik bewährt haben. Hierzu gehören die gerade für Dendrobatiden wichtigen Bromelien mit ihren wassergefüllten Trichtern und Blattachseln. Sie sollten möglichst nur großblättrige Arten verwenden, die größere Mengen Stauwasser in ihren Trichtern halten können. Die Blatträndern dürfen nicht zu stachelig und scharf sein, um Verletzungen der Froschhaut zu vermeiden.

Die Terrarien-
einrichtung
muß auf die
speziellen
Bedürfnisse
Ihrer Frösche
abgestimmt
sein. Auch
wenn Sie nicht
immer die
Orginalpflan-
zen beschaffen
können, sollte
die Ersatzbe-
pflanzung in
ihrer Funktio-
nalität diesen
entsprechen.

Erkundigen Sie sich auch bei den Pflanzen nach den Haltungsansprüchen, denn nicht alle Pflanzen mögen es warm oder feucht. Für Laubfroscharten eignen sich die verschiedenen *Philodendron*-Arten und *Scindapsus* hervorragend. Diese Pflanzen sind auch größeren Fröschen gewachsen und äußerst widerstandsfähig. Die Ranken können Sie bis in den Wasserteil legen, ohne daß diese verderben. Farne brauchen schon eine bessere Pflege, doch lassen sich gerade die großblättrigen Geweihfarne hervorragend mit etwas *Sphagnum* als Bodensubstrat an Ästen oder der Rückwand befestigen. An der Rückwand lassen sich auch verschiedene Tillandsien, speziell im Regenwaldterrarium, anbringen. Hierzu ist eine Verkleidung der Rückwand mit Korkeichenrinde ideal, die mit wenigen Klebepunkten befestigt wird. In den Uferbereich des Wasserteils lassen sich verschiedenste Sumpfpflanzen stellen, die Sie am besten in ihren Töpfen lassen und den Sand darin gegen Kies austauschen, um eine Verschmutzung des Wassers zu verhindern. Zur Düngung dieser Pflanzen eignen sich Produkte für Aquarienpflanzen.

Bei großen, grabenden Froscharten sollten Sie auf eine Dekoration mit Kunstpflanzen zurückgreifen, da diese Tiere gut ohne lebende Pflanzen im Terrarium auskommen. Bei kleineren grabenden Arten ist es sinnvoll, die Blumentöpfe mit etwas Gaze abzudichten, so daß sich die Tiere nicht in den Topf gra-

Der farbenprächtige Schmuckhornfrosch, *Ceratophrys ornata*, ist meist bis zu den Augen vergraben und benötigt nicht unbedingt echte Pflanzen in seinem Terrarium, die er durch sein Graben ohnehin in kurzer Zeit zerstört hat.

auch aufrecht stellen, den hohlen Innenkörper mit Pflanzsubstrat füllen und den „Ast" dann dekorativ und nützlich bepflanzen.

Temperatur

In der Regel werden Sie Frösche pflegen, die eine höhere Temperatur gewohnt sind, als sie in unseren Breiten herrscht. Sie werden das Terrarium daher beheizen müssen. Ein Wasserteil kann leicht über einen Aquarienheizer erwärmt werden und ist ein guter Wärmespeicher der für eine konstante Temperatur am Tag und, wenn Sie die Wasserheizung drosseln, für eine langsame Abkühlung zur Nacht sorgt. Die Temperatur kann außerdem sehr einfach und effektiv über die Beleuchtung gesteuert werden, die meist eine gewisse Wärme abgibt. Zusätzlich können sie Wärmestrahler installieren, deren Wärmeentwicklung Sie aber zumindest bei Inbetriebnahme kontrollieren müssen, um eine ungewollte Überhitzung rechtzeitig zu erkennen. Wechselwarme Tiere wie Amphibien regeln ihre Körpertempe-

ben können. Es erleichtert Ihnen das Auswechseln der Bepflanzung, wenn Sie die Pflanzen in ihren Töpfen lassen. Achten Sie beim Kauf der Pflanzen darauf, daß sie nicht in gedüngte Erde getopft sind und nicht mit Pflanzenschutzmitteln eingesprüht wurden. Erkundigen Sie sich bei Ihrem Händler und topfen Sie die Planzen um oder waschen die Blätter gründlich mit warmem Wasser ab.

Sehr dekorativ und als Versteckmöglichkeit geeignet sind Moorkienwurzeln, wie sie auch in der Aquaristik verwendet werden, da diese nicht faulen. Ebenso gut eignen sich röhrenförmige Rindenstücke der Korkeiche als Versteckmöglichkeit. Wenn Sie dünnere längere Stücke erhalten, können Sie diese ratur über die Umgebungstemperatur. Sie sollten nicht das gesamte Terrarium gleichmäßig beheizen. Richten Sie die Wärmestrahler auf bestimmte Teilbereich des Terrariums, so daß sich die Frösche in verschiedenen Temperaturzonen aufhalten können. Wärmequellen installiere ich bei kletternden Froscharten grundsätzlich außerhalb des Terrariums. Soll bei grabenden Arten auch der Bodenteil beheizt werden, verwende ich Heizmatten und -kabel, die ich unter das Terrarium lege, um einen längeren direkten Kontakt mit dem grabenden Frosch zu vermeiden, auch wenn diese Heizungen je nach Ausführung nur wenig Wärme abgeben und bestens isoliert sind.

Komplizierter wird das Thema Temperatur, wenn es um die Kühlung geht. Es gibt Arten, die in den höheren Gebirgsmassiven oder weit nördlich beheimatet sind und das gesamte Jahr Temperaturen von unter 18 bis 20° C gewohnt sind. Vielleicht haben Sie das Glück, einen kühlen Kellerraum zu besitzen. Andernfalls bedienen Sie sich wiederum der Technik, es stehen Ihnen in diesem Fall aber nicht die einfachen Mittel zur Verfügung, wie wir sie von der Heizung her kennen. Benötigen Sie die Kühlung nur für eine recht kurze Periode, wie bei einer Winterruhe, in der auch nicht gefüttert wird, können Sie die Frösche bedenkenlos in einen kleinen Behälter umsetzten, den Sie dann in einen Kühlschrank stellen. Hier erreichen Sie problemlos konstante Temperaturen von 8° C, die eine optimale Überwinterung garantieren. Wenn Sie etwas tiefer in die Tasche greifen möchten oder durch Zufall ein Gerät aus zweiter Hand günstig erwerben, sind hierfür kleine Klimaschränke ideal. Sie bieten meist eine verglaste Vorderseite, eine genau einstellbare Temperatur und halten eine konstante Luftfeuchtigkeit von 65 bis 70%. Eine weitere Lösung ist das Aufstellen einer Klimaanlage neben dem Terrarium. Hier wird allerdings der gesamte Raum gekühlt und Geräte dieser Art sind vor allem in ihrem Stromverbrauch recht kostspielig. Letztlich können Sie eine Abkühlung der Temperatur auch über den Wasserteil bewirken. Ein ständiger, recht aufwendiger Austausch mit kühlem Wasser wäre dann erforderlich.

Die meisten Frösche in unseren Terrarien kommen aus wärmeren Gebieten und benötigen eine zusätzliche Heizung, wie dieser Malayische Leopardfrosch, *Rana signata*.

Terrarientypen

Nach dem allgemeinen Teil möchte ich nun auf die verschiedenen Terrarientypen eingehen. Prinzipiell können alle noch so verschieden eingerichtete und dimensionierte Behälter auf drei Grundtypen zurückgeführt werden.

Das Aquarium, das keinen Landteil enthält und komplett mit Wasser gefüllt ist.

Das Aquaterrarium, das einen mehr oder minder großen Landteil enthält und für die meisten Frösche den Grundtyp darstellt.

Das Terrarium, das keinen, oder nur einen kleinen Wasserteil enthält.

Das Aquarium

Dieser Typ ist nur für rein aquatisch lebende Frösche oder zur Aufzucht von Kaulquappen geeignet. Im Fachhandel gibt es fast nur noch Vollglasaquarien, die ich auch für die beste Wahl halte. Die verschiedenen Seitenteile sind untereinander und mit dem Boden mit Silikon verklebt. Bei der Einrichtung wählen Sie als Bodengrund Flußsand oder Kies, den Sie in jedem Aquaristikhandel bekommen und vor dem Einfüllen unbedingt auswaschen oder sogar abkochen sollten. Setzen Sie bei kleineren Froscharten oder Aufzuchtbecken einige Wasserpflanzen ein. Sehr gut geeignet und fast unverwüstlich ist hier die krautig wachsende Wasserpest. Als zusätzliche Dekoration verwende ich Moorkienwurzeln, die als Versteckmöglichkeiten und Blickfang dienen. Ebenso können Sie größere Steine und Tonblumentöpfe als Verstecke anbieten. Vom Betrieb her unterscheidet sich solch ein Aquarium für Frösche kaum von dem für Fische. Sie benötigen eine Filter- und Sauerstoffanlage (Sprudelstein) und müssen auf die Wasserqualität achten. Im Gegensatz zum Aquarium sollten Sie den Behälter nicht

Die Große Wabenkröte, *Pipa pipa,* besitzt ein außergewöhnliches Aussehen und gehört zu den wenigen rein aquatisch lebenden Anuren, die in einem Aquarium gehalten werden müssen.

bis zum Rand, sondern höchsten zu $^2/_3$ mit Wasser füllen. Eine normale Aquarienabdeckung mit den entsprechenden Leuchten können Sie problemlos verwenden. Abraten möchte ich Ihnen noch von Plastikaquarien, die schnell zerkratzen und höchstens als Aufzuchtbecken zu empfehlen sind. Die Wassertemperatur können Sie entweder über eine Heizstab mit Thermostat regeln, oder Sie schaffen sich gleich eine Pumpe mit integrierter Heizung an.

Das Aquaterrarium

Dies ist der Grundtyp der meisten Froschterrarien. Ich möchte Ihnen davon abraten, einfach ein Aquarium zu nehmen und es wie ein Terrarium einzurichten. Dies ist sicherlich die kostengünstigste Variante, wird aber weder den Bedürfnissen der Tiere, noch Ihnen als Pfleger gerecht. Aquarien sind nur von oben zugänglich und haben keine ausreichende Durchlüftung. Aquater-

① Bodengrund   ④ Kieselgrund
② Bodengrund   ⑤ Abfluß
③ Trenngitter

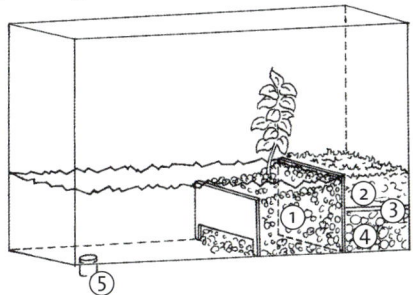

rarien sind so konstruiert, daß der Boden eines wasserdichten Terrariums mittels eines eingeklebten Glasstreifens in zwei Teile getrennt sind. Der eine Teil wird zum Wasserteil, der Rest zum Landteil. Wie Sie das Verhältnis variieren, ist ganz auf die Ansprüchen der Terrarienbewohner abgestimmt. Bei baumbewohnenden Arten mit Haftscheiben reicht es sogar aus, wenn Sie einige Pflanzen in ihren Töpfen sicher (!) auf Steine im Wasserteil stellen und völlig auf einen Landteil verzichten. Bei anderen Arten, die nicht über besondere Kletterfähigkeiten verfügen, müssen Sie auf einen seichten Übergang zum Landteil achten, sonst kann auch ein Frosch ertrinken. In eine seichte Uferregion kann zusätzlich eine attraktive Uferbepflanzung integriert werden. Die Gesamttiefe des Wasserteils richtet sich ganz nach Art und Größe der Bewohner. Der Wasserteil kann mit Wasserpflanzen ausgestattet werden. Die Gestaltung des Landteils richtet sich sowohl nach Ihrem Geschick, als auch nach den Anforderungen an die Haltung der von Ihnen ausgewählten Froschart. Auf den Bodengrund und die

Bepflanzung bin ich schon ausführlich eingegangen, die landschaftliche Gestaltung mit Höhlen oder ähnlichem bleibt Ihrem Geschmack überlassen. Es ist zweckmäßig, Einbauten so zu konstruieren, daß sie sich sowohl leicht entfernen, als auch leicht reinigen lassen. Die Materialien, die Sie verwenden, dürfen keine giftigen Gase ausscheiden und müssen den oft hohen Luftfeuchtigkeiten widerstehen können. Ebenso dürfen sie nicht durch Wasser oder Futtertiere beschädigt werden. Ein großer Wasserteil sollte immer über eine Filteranlage gereinigt werden und einen Abfluß zur Gesamtreinigung besitzen. Generell empfehle ich Ihnen einen Außenfilter mit Aktivkohle. Diese Filter reinigen sehr gut, doch müssen Sie größere Verschmutzungen durch Kotballen oder ertrunkene Futtertiere selbst entfernen.

Die Abdeckung muß, genau wie die Türen, so dicht schließen, daß weder Futtertiere noch Frösche entweichen können. Die Abdeckung sollte auf jeden Fall einen gazebesetzten Belüftungsschlitz enthalten und möglichst abnehmbar sein. Die Elektrik und Lichtquellen bringe ich grundsätzlich außerhalb an. Elektrische Kabel oder Luft- und Wasserschläuche, die zum Betrieb von Pumpen notwendig sind, führe ich durch Aussparungen der Seitenwände, die ich mit Schaumstoff abdichte. Das Aquaterrarium kann in seiner Erscheinung vor allem durch die Bepflanzung und Aufteilung von Wasser- und Land-

Auch diese trockenheitsliebende Kröte, Bufo cristatus, benötigt einen kleinen Wasserteil in der Trockenphase und ein großes Wasserbecken zur Fortpflanzungszeit.

teil sehr unterschiedlich aussehen, geht jedoch immer auf diesen Grundtyp zurück.

Das Terrarium

Sie haben gemerkt, daß ich alle Typen mit „Terrarium" bezeichne und der

Unterschied zwischen einem Terrarium und einem Aquaterrarium ist fließend. Als eigentliches Terrarium versteht man einen Behälter ohne speziellen Wasserteil, wie Sie ihn von der Reptilienhaltung her kennen. Da sich kaum ein Amphibium gänzlich unabhängig vom Wasser gemacht hat, ist bei der Froschhaltung im Gegensatz zur Reptilienhaltung immer ein wasserfestes Terrarium als Grundgehäuse zu wählen, da selbst Arten, die außerhalb der Fortpflanzung nicht direkt ins Wasser gehen, ein feuchtes

Bodensubstrat benötigen. Holzkonstruktionen haben in Terrarien für Amphibien nichts zu suchen. Prinzipiell unterscheidet sich das Terrarium vom Aquaterrarium nur durch seinen wesentlich kleineren Wasserteil. Selbst so robuste Kröten, wie die Agakröte, *Bufo marinus*, geht gerne mal ins Wasser. Lesen Sie also ruhig den Teil Aquaterrarium durch, wenn Sie ein Terrarium einrichten möchten, alle Hinweise dort können Sie auch hier nutzen. Doch eine Sache zur Ergänzung: Wenn Sie keinen fest eingebauten Wasserteil, sondern eine kleinere Konstruktion wählen, stellen Sie diese nicht einfach so in das Terraium, sondern sorgen Sie für einen Standort, an dem Sie den Behälter gut erreichen und zum Säubern herausnehmen können, ohne die Frösche zu stören oder gar die Landschaftsgestaltung zu beschädigen. In einem Terrarium ist es wichtig, das Bodensubstrat feucht zu halten, da eine größere Feuchtigkeitsquelle fehlt.

Andere Terrarientypen

Neben den beschrieben Standardterrarien gibt es Situationen, die eine besondere Behandlung der Frösche und somit eine besondere Unterbringung erfordern. Hierzu gehören Krankheitsfälle, die ebenso in ein Quarantänebecken gehören wie Neuerwerbungen, oder spezielle Behältnisse, die zur Aufzucht von Larven oder Jungfröschen geeignet sind.

Das Quarantänebecken

Unter (Einzel-)Quarantäne sollten Sie grundsätzlich jeden Neuerwerb und

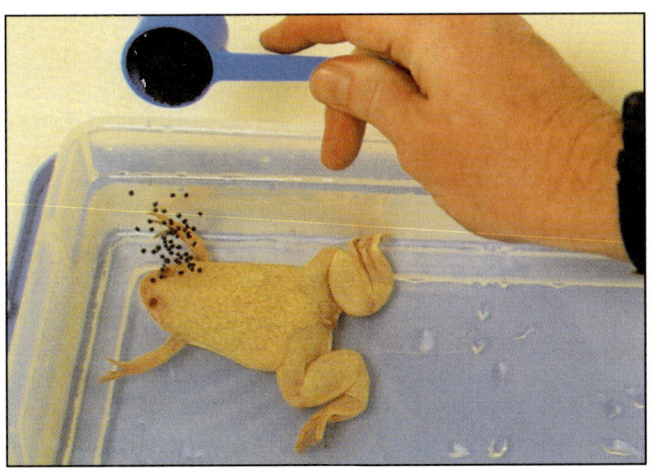

Für aquatische Frösche wie diesen Afrikanischen Krallenfrosch, *Xenopus laevis*, genügt als Quarantänebehälter ein einfacher Glas- oder Plastikbehälter, der häufiger gereinigt werden muß.

jeden Krankheitsfall stellen, um eine Ausbreitung oder Einschleppung von Krankheiten zu vermeiden. Ein geeignetes Becken darf nicht zu groß sein und sollte möglichst keimarm und übersichtlich eingerichtet sein. Etwas angefeuchteten Schaumstoff als Bodengrund und ein kleines Wasserbecken in Form eines lasierten Tonuntersetzers genügen völlig. Als Versteckmöglichkeit bieten Sie

Bei kannibalistischen Kaulquappen ist eine Einzelaufzucht gerade bei kleineren Gelegen sinnvoll und auch zu bewältigen, wenn Sie größere Verluste vermeiden wollen.

ein rundes Stück Korkrinde an. Wichtig ist, daß Sie den Frosch immer unter Kontrolle haben und beobachten können. Die keimarme Einrichtung verhindert weitere Infektionen des Froschs. Die Haltungstemperatur und Luftfeuchtigkeit muß der Art gerecht werden.

Aufzuchtbehälter

Neben den Aufzuchtaquarien für die Kaulquappen sollten Sie auch die Jungfrösche zunächst in keimarmen, kleinen Terrarien halten. Hier entdecken Sie Todesfälle schnell und können diese entsorgen. Setzen Sie keine zu großen Aufzuchtgruppen in ein Ter-

rarium, um die Futteraufnahme der einzelnen Frösche besser beobachten zu können. Die Einrichtung sollte einfach, übersichtlich und leicht zu reinigen sein.

Der Nicaragua Glasfrosch, *Centrolenella prosoblepon*, legt seine Eier, wie viele tropische Baumfroscharten, nicht in ein Gewässer, sondern auf Blättern ab, von wo die Larven in das daruntergelegene Wasser fallen.

Amphibien sind bis auf wenige Ausnahmen Fleischfresser. Sie akzeptieren in der Regel nur lebendiges, sich bewegendes Futter. Bei der Art der Futtertiere

sind sie meist nicht wählerisch, sondern fressen alles, was sie überwältigen und anschließend verschlingen können. In der freien Natur gehören neben Insekten auch Spinnen, Krebse, Schnecken, Würmer und kleine Wirbeltiere zur willkommenen Mahlzeit. Die Größe der Futtertiere richtet sich hierbei nach der Größe des Jägers. Einige Nahrungsspezialisten haben sich auf Termiten oder andere Kleinstlebewesen eingestellt und können in der Gefangenschaft nicht immer problemlos an einfacher zu beschaffendes Futter gewöhnt werden. Ausnahmen sind Nachzuchten dieser Individuen, bei denen die Umgewöhnung von klein auf geschieht. Erkundigen Sie sich am besten beim Händler oder Züchter, wel-

che Nahrung die Tiere akzeptieren, denn es hat keinen Sinn sich ein Tier anzuschaffen, das Sie später nicht richtig ernähren können. Durch die große Futtervielfalt in der Natur ist sichergestellt, daß die Frösche das weite Spektrum aller Nährstoffe wie Fette, Kohlenhydrate und Proteine aber auch Spurenelemte und Vitamine aufnehmen. Diese ausgewogene Ernährung stärkt die Tiere und verhindert Mangelerkrankungen. In der Natur gehört zum Verhalten dieser Tiere, sich einen Vorrat anzufressen, so überstehen sie problemlos auch einen längeren Zeitraum ohne zu fressen.

Im Terrarium müssen nun Sie darauf achten, den Fröschen das passende Futter in der richtigen Menge anzubieten. Der Auslöser der meisten Krankheiten ist eine falsche, einseitige Ernährung. Füttern Sie deshalb so abwechslungsreich wie möglich. Die meisten Futtertierarten erhalten Sie inzwischen schon im Zoohandel oder können sie im Abonement regelmäßig bestellen, mittlerweile sogar über das Internet. Es gibt im Handel eine Reihe von Vitaminpräparaten, mit denen sie die Futtertiere bestäuben können und so zusätzlich einer Mangelernährung vorbeugen. Überfüttern Sie Ihre Frösche aber auch nicht. In der Natur fressen Amphibien auf Vorrat, im Terrarium sollte es keine längeren, ungeplanten Futterpausen geben. Ruhepausen oder Überwinterungen gehören zum natürlichen Lebensrhythmus vieler Frösche. Hier

Viele kleinere Frösche haben sich in der Natur auf kleine Futtertiere, vor allem Termiten, spezialisiert, die Sie hier nicht erhalten können. Einige Arten nehmen jedoch Ersatzfutter an, wie diese *Dendrobates tinctorius.*

müssen die Frösche davor und danach zusätzlich gefüttert werden, nur sollten Sie eine ständige, latente Überfütte-

Nachteile. Die Entscheidung für eine eigene Zucht sollten Sie vor allem dann treffen, wenn Sie viele Terrarien besitzen und eine dementsprechend große Zahl an Futtertieren benötigen. Züchten Sie die Tiere selbst, sind Sie sicher, unter welchen Bedingungen sie gehalten werden, Sie wissen, womit die Tiere gefüttert werden und sind nicht auf die Verfügbarkeit

Der Hunger einiger Frösche scheint keine Grenzen zu kennen. Auch wenn sich manche Arten kostengünstig mit Frischfleich füttern lassen, wie dieser Afrikanische Ochsenfrosch, *Pyxicephalus adspersus,* achten Sie bitte unbedingt auf eine ausgewogene Ernährung.

rung vermeiden, da dies für die Frösche nicht gesund ist und sie sich überernährt häufig nicht mehr fortpflanzen. Ich kann Ihnen leider keine allgemein gültigen Daten geben, wie häufig Sie füttern sollten, da dies von Art zu Art zu unterschiedlich ist. Insgesamt können Sie aber davon ausgehen, daß ein Terrarientier je älter und größer es ist, weniger häufig gefüttert werden muß als ein kleiner, junger Pflegling. So reicht die Fütterung einer Maus bei großen Kröten oder Hornfröschen sicherlich drei Wochen, wohingegen Dendrobatiden täglich mit *Drosophila* oder anderen kleinen Futtertieren versorgt werden müssen.

Es ist grundsätzlich Ihre Entscheidung, ob sie Futtertiere lieber selbst züchten wollen oder diese käuflich erwerben Sicher haben beide Varianten Vor- und

über einen Händler oder Abo-Versand angewiesen. Sie haben bei einer gut laufenden Zucht jederzeit Futtertiere der gewünschten Art in der entsprechenden Anzahl und Größe zur Verfügung. Es kann wirklich ein Problem werden, wenn der Züchter selbst Lieferschwierigkeiten hat und Ihre Tiere dann ohne Futter dastehen. Die eigene Zucht schützt Sie vor solchen Engpässen und Sie sollten sich überlegen, ob Sie nicht zumindest im geringen Maße selbst züchten, um solche Zeiten zu überbrücken. Diese Empfehlung möchte ich speziell für das Grundfutter überhaupt, die Grillen, aussprechen. Eine eigene Zucht spart Ihnen nämlich viel Geld, da die Ernährung der Futtertiere im Vergleich zum Einkauf immer neuer Tiere sehr viel billiger ist. Unterschätzen Sie aber die zusätzliche Arbeit und die zu investierende Zeit nicht. Auch die Zucht der Futtertiere braucht Ihre ganze Aufmerksamkeit. Im folgenden werde ich

Zucht- und Schlupfterrarien beheizen. Hierzu genügt ein einfacher Wärmestrahler, der entweder im oder über

Häufig auch als Heimchen angeboten ist die Steppengrille ein ideales Futtertier für viele Froschlurche und auch in ihrer Zucht problemlos und produktiv. Junge Grillen sind ein ideales Aufzuchtfutter.

die häufigsten Futtertiere und deren Zucht besprechen und eine Einschätzung geben, wie effektiv und aufwendig die eigene Zucht ist.

Grillen

Grillen stehen für die meisten Terrarianer für die Fütterung an erster Stelle. Im Handel erhalten Sie zwei Arten: Die größere, schwarze Mittelmeer- oder auch Zweifleckgrille und die bräunliche und etwas kleinere Steppengrille. Beide Arten lassen sich gut züchten, wobei die Mittelmeergrillen eine etwas höhere Temperatur von etwa 30 °C benötigen, die Steppengrille begnügt sich mit rund 28 °C. Sie müssen die

dem Terrarium plaziert wird. Als Zuchtansatz kaufen Sie einfach eine Packung adulter Tiere und setzen diese in ein etwa 40 cm langes Terrarium, das aus Plastik sein darf. Zu klein darf der Zuchtbehälter aber nicht sein, da die Grillen äußerst aggressiv gegeneinander sein können und ein zu enger Besatz zu starken Ausfällen führt. Damit die Grillen genügend Versteckmöglichkeiten finden, legen Sie alte Eierkartons in den Behälter. Als Bodensubstrat bewährt sich Kleintierstreu und ein paar Lagen Zeitungspapier. Als Futter geben Sie frischen Salat, Obst und jegliches Trockenfutter, wie Haferflocken oder Brot. Je vitamin- und nährstoffreicher Sie die

Grillen füttern, desto nahrhafter sind sie auch für Ihre Terrarientiere, und Sie sollten zusätzlich ein Vitaminpräparat unter das Futter mischen. Eine Trinkschale ist nicht unbedingt notwendig,

Die Schwarze Mittelmeergrille wird etwas größer und ist robuster als die Steppengrille. Ihre Zucht ist ähnlich unproblematisch. Auch diese Art ist ein hervorragendes Grundfutter für alle Frösche und frisch geschlüpfte Grillen eignen sich auch zur Aufzucht oder für kleinere Froschlurche.

wenn Sie regelmäßig frisches Obst oder Gemüse reichen. Sollten Sie eine Trinkschale plazieren, darf sie nicht zur Falle für die Grillen werden, in der sie ertrinken können.

Die weiblichen Grillen legen Ihre Eier mit dem Legestachel in feuchtes Bodensubstrat. Hierzu plazieren Sie einige flache Legeschalen in dem Zuchtbehälter, die Sie mit einem feuchten, aber nicht nassen Erdgemisch füllen und mit feiner Gaze überdecken, damit die erwachsenen Tiere die frisch gelegten Eier nicht fressen können. Die Junggrillen schlüpfen nach zehn Tagen. Während dieser Zeit darf das Erde-Torf-Gemisch auf keinen Fall austrocknen. Ich empfehle Ihnen, die Legeschalen vor dem Schlupf in extra Aufzuchtterrarien zu überführen. So haben Sie die Tiere gleich der Größe nach getrennt und ersparen sich das mühsame Sortieren vor den Fütterungen. Die Junggrillen eignen sehr gut als Futter für kleine Froscharten und Jungfrösche. Nach ungefähr sieben Wochen sind die Grillen adult.

Heuschrecken

Im Handel erhältlich ist meist die Ägyptische Wanderheuschrecke. Diese Tiere werden recht groß und sind adult nur für größere Frösche oder Kröten geeignet, die Jungtiere allerdings für viele Terrarientiere. Die Zucht verläuft analog zur Grillenzucht, jedoch mit größeren Terrarien und höheren Temperaturen bis 35 °C. Die Ablagebehälter entsprechen denen der Grillen, ebenso das Futter. Die Heuschrecken scheiden sehr viel Kot aus und verschlingen viel Futter. Die Zucht ist somit, auch wegen der starken Beheizung, nicht billig und recht aufwendig, so daß ich Ihnen rate, dieses Futter gelegentlich zu kaufen, wenn Sie keine großen Froschbestände haben.

Taufliegen

Die als *Drosophila* bekannte Fruchtfliege ist das Futtertier überhaupt zur Aufzucht von Jungfröschen und das Universalfutter für alle kleinen Froscharten. Im Handel gibt es eine stummelflüglige, flugunfäige Variante zu kaufen, die einfach zu handhaben ist. Häufig erhalten Sie den Zuchtansatz in Einmachgläsern, die mit einem Nylonstrumpf verschlossen sind. Am Boden des Glases befindet sich etwas 1 bis 2 cm hoch der Nährbrei. Als Aufenthaltsort für die Fliegen ist das Gefäß darüber locker mit Holzwolle gefüllt. Die Eier werden in den Nährbrei gelegt. Dieser sollte, da er den Larven auch als Lebensraum dient, nicht flüssig, aber immer ordentlich feucht und breiig sein. Die Larven verpuppen sich am Glasrand oder in der Holzwolle. Schon nach wenigen Tagen können Sie die ersten Maden im Substrat entdecken und nach ein bis zwei Wochen sind die ersten Fliegen geschlüpft.

Den Nährbrei können Sie leicht selbst herstellen. Hierzu zerreiben Sie lediglich etwas Obst - vorzugsweise Bananen und Äpfel - geben unaromatisiertes Instantbreipulver (Gries, Haferflocken und ähnliches) und etwas Vitaminpräparat dazu. Mit H-Milch oder Wasser verrühren Sie das Ganze nun zu einem feuchten, zähen Brei und geben zum Schluß noch einen Brösel frischer Hefe dazu. Da der Brei im Zuchtglas schlecht erneuert werden kann, setzen Sie etwa alle ein bis zwei Wochen neue Zuchtgläser an und überführen einfach einen Schwung der Fliegen in diese neuen Ansätze. Zur Zucht genügen Zimmertemperaturen von 20 °C bis 25 °C.

Fliegen

Ich persönlich halte nicht viel von der Fliegenzucht, auch wenn in der Literatur schon sehr effektive, geruchlose Methoden gerade zur Zucht der Stubenfliege beschrieben wurden. Solch eine Zucht macht enorm viel Arbeit. Die Fliegen vermehren sich sehr schnell und

Die Ägyptische Wanderheuschrecke ist in ihrer Zucht aufwendiger als die Grillenarten und nur für große Frösche geeignet.

Taufliegen, vorzugsweise die stummelflüglige Variante, sind das ideale Futter für alle kleineren und heranwachsenden Frösche. Mit einem Vitaminpräparat eingestäubt können sie allein verfüttert werden.

die adulten Tiere sondern eine nicht zu unterschätzende Menge von Fäkalien ab. Nicht zuletzt ist die Handhabung nicht immer einfach. Sie bekommen Anglermaden sehr preiswert in den meisten Zoo- oder Anglergeschäften. Diese sollten Sie noch mit Vitaminen aufpäppeln, bevor Sie sie als Fliegen verfüttern. Hierzu können Sie einen Nährbrei aus Quark, Haferflocken und Kleie herstellen, den Sie mit etwas Vitaminen und Mineralstoffen anreichern. Einen kleinen Brocken Bäckerhefe dazu und Sie haben den fertigen Nährbrei. Diesen Ansatz können Sie übrigens auch als Ansatz für die Zucht von Stubenfliegen verwenden. In kleine Behälter gefüllt, stellen Sie dieses Gemisch in einen Käfig mit Fliegen, die Ihre Eier darin ablegen. Die Larven ernähren sich von diesem Brei und entwickeln sich in wenigen Tagen. Eine andere Möglichkeit, den Nährwert der Fliegen zu erhöhen, ist, die geschlüpften Fliegen mit Vitamin-Pulver einzustäuben. Ich selbst verfüttere schon seit längerer Zeit keine Maden mehr, da die Maden gerne in die Wasserteile der Terrarien gehen und diese schnell verschmutzen. Stattdessen verteile ich die Maden in kleinere Schlupfbehälter, um die Fliegen später portionsweise verfüttern zu können und sie nicht aus großen Behältern herausfangen muß. Fliegen sind ein hervorragendes Futter, bringen Ihre Tiere auf Trab und sind auch im Einkauf billig.

Mehlwürmer

Erst in letzter Zeit wird auch hierzulande neben den bekannten Larven des kleinen Mehlkäfers *(Tenebrio melitor)* eine größere Variante angeboten, die Larve des Mehlkäfers *Zoophobas atratus* ist. Zu beiden möchte ich sagen, daß sie nur zur Not oder als gelegentliches

Im Handel erhalten Sie Fliegenmaden preiswert, so daß sich eine Zucht nur bei sehr großen Froschbeständen lohnt. Verfüttern Sie bevorzugt die fertigen Fliegen.

Beifutter, auf keinen Fall aber über einen längeren Zeitraum alleinig verfüttert werden sollten. Mehlwürmer bestehen zu einem Großteil aus Fettgewebe. Zusätzlich verfügt zumindest die Larve der größeren Art über recht beeindruckende Beißwerkzeuge und ist somit recht wehrhaft. Geben Sie den Larven ein paar Tage vor dem Verfüttern Obst und Vitaminpräparate und bestäuben Sie sie vor der Fütterung. Mehlwürmer verkriechen sich im Terrarium schnell, darum sollten sie in einem Futternapf angeboten werden.

Die Zucht ist denkbar einfach, aber in meinen Augen recht uneffektiv. Die Käfer vermehren sich bei etwas höheren Temperaturen um 25 °C mehr oder weniger von selbst. Der Zuchtbehälter kann als Bodengrund aus dem Käferfutter bestehen. Hierzu genügt eine Mischung aus Trockenfutter, wie Müsli, Haferflocken, Kleie, Brotresten und ähnliches. Die Tiere benötigen kein zusätzliches Wasser. Als Aufenthalts- und Eiablageplatz genügt eine Wollsocke. Nach einer Woche schlüpfen die ersten, noch winzigen Mehlwürmer. Die gesamte Entwicklung dauert drei bis vier Monate, weswegen ich diese Zucht

auch für uneffektiv halte. Wollen Sie einmal Mehlwürmer verfüttern, können Sie diese äußerst billig in jedem

Zoogeschäft kaufen. Besonders gerne genommen werden übrigens die frisch gehäuteten, noch weißen Larven.

Wachsmaden, -motten

Wachsmaden - die Raupen der Wachsmotte - sind, ähnlich wie Mehlwürmer, recht fetthaltig und daher auch als alleiniges Futter nicht ratsam. Die ausgewachsenen Wachsmotten sind recht schwierig zu handhaben und ertrinken leicht im Wasserteil der Terrarien. Dennoch haben sie sich bei mir als äußerst

Mehlwürmer und Mehlkäfer gehören zum ältesten Futter für Terrarientiere. Sie besitzen aber keinen guten Nährwert, da gerade die Larven einen hohen Fettanteil besitzen. Als Beifutter können Sie sie jedoch gerne anbieten. Sie sollten dann allerdings, wie bei der Verfütterung der adulten Käfer, nicht auf ein Vitaminpräparat verzichten.

beliebtes Beifutter erwiesen. Wachsmaden werden inzwischen regelmäßig im Handel angeboten und wenn Sie sie nur gelegentlich als Beifutter verwenden, müssen Sie sie nicht selbst züchten. Es ist beinahe unmöglich, Falter und Maden getrennt voneinander zu halten. Die Falter entwischen sehr leicht und die gesamte Handhabung der Zucht ist recht umständlich.

Als Zuchtbehälter eignen sich am besten größere 5-l oder 10-l-Wasser- oder Farbeimer. Den Deckel können Sie als Fassung für die Gazebespannung nutzen. Die Gaze sollte sehr fein und aus Metall sein. In die Mitte habe ich ein Loch mit dem Durchmesser einer größeren Konservendose geschnitten. Durch diese Öffnung sollte auf jeden Fall Ihre Hand passen! An dieser Öffnung bringen Sie nun einen Verschluß aus Kunststoff oder Metall an. Sie können hierzu eine halbe Konservendose nehmen und diese am einen Ende mit der Gaze verlöten. Am anderen Ende verschließen Sie die Konstruktion mit einem passenden Deckel. Zum Entnehmen der Raupen oder Motten können Sie nun bequem durch diese kleinere Öffnung greifen und vermeiden so, daß viele Motten ungewollt ausbrechen. Einen Zuchtansatz erhalten Sie über den Handel. Als Nahrung stellen Sie entweder eine ständige Belieferung mit gebrauchten Bienenwaben sicher, oder stellen selbst ein Trockenfutter aus folgenden Zutaten her:

Je 1100 g Mais- und Weizenschrot, 500 g Trockenmilchpulver, 300 g Trockenhefe, je 500 g Glycerol und Honig, sowie 1000 g gereinigtes Bienenwachs. Alle Zutaten stellen Sie 6 Stunden bei 80 °C in den Backofen und verkneten die Masse anschließend. Sollte das Futter zu naß sein, geben Sie Weizenschrot dazu, ist es zu trocken, geben Sie Honig dazu. Die richtige Konsistenz ist krümelig, aber nicht staubig.

Die Zucht entwickelt selbst eine große Wärme, so daß Sie nicht zusätzlich heizen müssen, den Eimer jedoch an einen warmen Platz stellen. Die ideale Temperatur im (!) Eimer liegt zwischen 25 °C und 28 °C. Ich hatte immer zwei Zuchtbehälter und habe immer eine Zucht auslaufen lassen und den Behälter dann komplett entleert, da das besetzte Gefäß schwer zu reinigen ist.

Einen Behälter zur Wachsmottenzucht können Sie schnell und einfach selbst bauen. Um ein Entkommen der Falter zu verhindern, sollte der Eingriff nicht wesentlich größer sein als Ihre Hand.

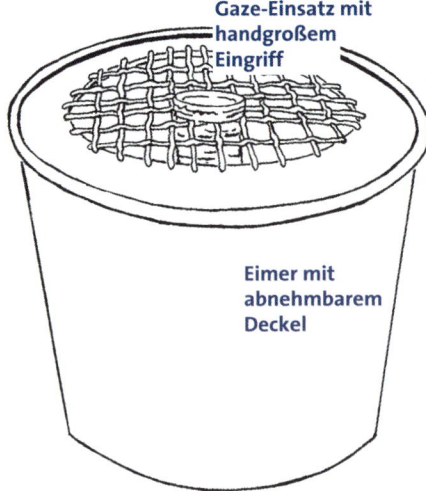

Gaze-Einsatz mit handgroßem Eingriff

Eimer mit abnehmbarem Deckel

Regenwürmer

Im Handel erhalten Sie Regenwürmer in verschiedenen Größen. Meist werden sie als Laub- und Tauwürmer angeboten. Die Laubwürmer haben die bekannte Regenwurmgröße, wohingegen Tauwürmer eine Länge von über 10 cm erreichen und nur für größere Arten als Futter geeignet sind. Beide Arten lassen sich züchten, wenn Sie ihnen ein Plastikgefäß oder kleineres Aquarium zur Verfügung stellen. Dies sollte mindestens 20 cm hoch mit einem immer feuchten Erde-Torf-Gemisch gefüllt sein, was noch zusätzlich mit alten Blättern oder Rinde vermischt werden kann. Der Behälter muß bei 18 °C stehen. Als Futter genügen Küchenabfälle, wie Obst, Gemüse oder Brotreste.

Die Zucht ist einfach, aber sehr langwierig. Erst nach Wochen können Sie erste kleine, oft noch durchsichtige Würmer entdecken.

Enchyträen

Diese kleinen, maximal 3 cm langen Würmer können Sie genauso halten und züchten wie Regenwürmer. Sie vertragen etwas höhere Temperaturen bis maximal 24 °C und benötigen einen speziellen Futterbrei aus gezuckerten Haferflocken, die Sie mit etwas Fett und einem Vitaminpräparat anreichern und mit Wasser oder Milch zu einem zähen Brei anrühren. Dieser darf nicht zu sehr ins Substrat einsickern und auch nicht zu fest sein. Nach etwa drei bis vier Wochen können Sie die ersten Tiere entnehmen.

Collembolen

Diese unter ihrem wissenschaftlichen Namen bekannten Springschwänze

Regenwürmer und Enchyträen bringen Abwechslung in den Speiseplan, verkriechen sich allerdings schnell im Bodengrund oder Ertrinken im Wasserteil.

sind Ihnen sicher schon als kleine, weiße Hüpfer auf Blumen aufgefallen. Es handelt sich hierbei um winzige Insekten, die zur Aufzucht besonders kleiner Jungfrösche dienen. Zuchtansätze erhalten Sie über den Handel. Die Tiere vermehren sich bei hoher Luftfeuchtigkeit von selbst. Als Futter genügen frische Kartoffelschalen. Da die Springschwänze wirklich winzig sind, sollten sie in einem geschlossenen Behälter untergebracht sein.

Mäuse und Ratten

Mäuse und nestjunge Ratten stellen ein hervorragendes Futter für viele Terrarientiere dar. Sie enthalten alle Stoffe, die Ihr Tier benötigt und sind zudem sehr nahrhaft. Nestjunge Mäuse sind kaum größer als eine ausgewachsene Grille und können problemlos auch an mittelgroße Frösche oder Kröten ver-

widerstandsfähig und Sie sollten diese nur gezielt verfüttern. Leicht befellte Tiere können schon ein paar Stunden im Terrarium überleben, sollten aber fern vom Wasserbecken gehalten werden. Eine Mäusezucht muß regelmäßig gereinigt werden und selbst dann läßt sich ein gewisser Geruch nicht vermeiden, der schnell belästigend werden kann, wenn Sie keinen separaten Raum zur Zucht haben.

So nahrhaft Mäuse auch sind, sollten Sie gerade nestjunge Tiere mit einem Mineralstoffpulver bestäuben, da das noch knorpelige Skelett nicht viel Calcium enthält. Ausgewachsene Mäuse sind

Wie groß ein Futtertier sein kann, hängt vor allem von der Größe des Frosches und dessen Maul ab. Wie Sie sehen können, frißt dieser Frosch auch schon Mäuse, die kaum kleiner sind als er selbst.

füttert werden. Die Zucht ist sehr einfach, denn die Tiere können bei normaler Zimmertemperatur in einem Nagerkäfig gehalten werden. Lassen Sie die Jungtiere heranwachsen, bis sie eine ausreichende Größe haben. Frisch geborene, nackte Mäuse sind nicht sehr

mit ihren scharfen Zähnen sehr wehrhaft, was für die Frösche mitunter zu gefährlichen Verletzungen führen kann.

Freilandfänge

In den warmen Monaten bietet es sich geradezu an, Futtertiere selbst im Freien zu fangen oder spezielle Licht-, Wärme- oder Pheromonfallen aufzustellen, die inzwischen auch im Handel angeboten werden. Achten Sie hierbei aber bitte unbedingt darauf, daß die Tiere in unbelasteter Umgebung frei von Umweltgiften und fern vom Straßenverkehr gefangen werden. Fangen und verfüttern Sie ferner nur Tiere, von denen Sie wissen, daß sie keine Gefahr für Ihre Pfleglinge bedeuten. Gefährlich wird ein Futtertier, wenn es sich wehren kann durch Stiche oder Bisse oder selbst giftig ist. Fütterungen mit Freilandfängen sind für Sie günstig und für Ihre Terrarientiere

Achten Sie darauf, daß Sie Ihren Fröschen nur Futtertiere anbieten, die nicht zur Gefahr für sie werden können, wie dies auch bei größeren Mäusen der Fall sein kann.

abwechslungsreich und gesund. Sie können Ihnen daher nur empfohlen werden. Mit einem feinmaschigen Kescher fangen Sie kleinste Insekten zur Froschaufzucht. Dieses Futter wird Wiesenplankton genannt und ist bestens geeignet.

Allgemeine Futterregeln

Froschlurche sind tag- oder nachtaktiv, je nach Art. Viele nachtaktive Arten

können an eine Fütterung tagsüber gewöhnt werden, das muß aber nicht sein. Füttern Sie nachtaktive Tiere abends wenn es dunkel wird einmal und ein zweites Mal bevor Sie schlafengehen. Füttern Sie stets nur so viel, wie die Tiere innerhalb eines Tages oder einer Nacht auch wirklich fressen können. Stäuben sie regelmäßig einmal pro Woche die Futtertiere mit einem Mineralstoff-Vitamin-Präparat ein. Nicht alle Froscharten lassen sich

Freilandfänge sind ein nahrhaftes, lebensnahes und abwechslungsreiches Futter. Sie können mit dem Kescher oder von Hand von der Raupe bis zur Spinne alles fangen, solange Sie sich über deren Ungefährlichkeit im Klaren sind.

Wenn Sie alle Tips für die richtige Fütterung Ihrer Frösche beachten und eine alters- und artgerechte Kost verfüttern, werden Ihre Frösche lange gesund bleiben und in der Entwicklung Fortschritte zeigen, so wie diese Hornfrösche der Gattung Ceratophrys.

nicht geplant und dauert längere Zeit, zum Verhungern führen kann. Eine Einzelfütterung ist immer dann sinnvoll, wenn Sie beispielsweise mit Mäusen füttern und für jeden Frosch eine bestimmte Anzahl gedacht ist. Bei den relativ seltenen Fütterungen sollte jeder seine Ration erhalten. Ebenso empfehle ich eine separate Fütterung bei aggressiven Fröschen, die sonst

gerne beim Fressen zuschauen oder fressen aus der Hand. Sie sollten genau beobachten, ob es Individuen gibt, die nicht fressen oder nichts abgekriegt haben. Diese Tiere sollten Sie getrennt füttern. Sollten Sie feststellen, daß die Tiere nicht fressen, liegt wahrscheinlich eine Erkrankung oder falsche Haltung zugrunde. Gerade eine kühle Haltung läßt die Tiere in eine Ruhephase fallen, die, ist sie

Mitbewohner leicht verletzen können. Manche Frösche, besonders auch Kröten, lassen sich an eine Fütterung von Hand gewöhnen. Dies hat gerade dann Vorteile, wenn Sie gezielt mit Medikamenten behandelte Futtertiere an kranke Pfleglinge verfüttern wollen. Klappt eine Fütterung von Hand nicht, sollten Sie auf jeden Fall drandenken, diesen Frosch einzeln füttern.

Die Krankheiten der Froschlurche haben im Grunde die gleichen Erregergruppen und Ursachen, wie die Krankheiten aller anderen Wirbeltiere auch. Als Krankheitserreger treten vor allem Bakterien, Pilze und Parasiten auf. Berichte über Viruserkrankungen liegen mir nicht vor. Die Krankheitsursache ist in den meisten Fällen in einer falschen Haltung mit falschen Temperaturen, falscher Luftfeuchtigkeit, in einer zu einseitigen Ernährung, einer unzureichenden Hygiene oder auch in Faktoren wie Überbesetzung oder Vergesellschaftung unverträglicher Arten. Diese Faktoren schwächen das Immunsystem, das bei Amphibien nicht so hoch entwickelt ist. Durch Streß und Mangelernährung oder geben Krankheitserregern im Terrarium die Möglichkeit zur Vermehrung.

Neben erregerbedingten Krankheiten müssen in vielen Fällen auch mechanische Verletzungen behandelt werden. Hierzu gehören vor allem Hautabschürfungen durch unsachgemäße Handhabung beim Transport oder verletzte Schnauzen wenn sie gegen die Scheiben gesprungen sind.

Die häufigsten Auslöser für Krankheiten sind mangelnde Hygiene und eine nicht artgerechte Haltung. Ein weiterer Faktoren ist eine Überbesetzung wie bei diesen Krallenfröschen, da die Frösche gestreßt sind und eine einwandfreie Hygiene nicht mehr gewährleistet ist.

Wie Krankheiten entstehen

Gerade Pilz- und Bakterieninfektionen haben meist nur dann die Chance, eine Krankheit auszulösen, wenn die Abwehr des Wirts geschwächt ist und sie sich aus diesen Gründen massenhaft vermehren können. Die meisten Bakterien und Pilze sind fakultativ pathogen und führen also nur unter bestimmten Umständen zu einer Krankheit, die wenigsten sind obligat pathogen, also erzeugen bei Befall immer eine Krankheit. Viele Erreger gehören zur natürlichen Haut- oder Darmflora. Nur eine ungewollte Vermehrung oder der Wechsel des Standorts - als Beispiel vom Darm auf die Haut - führt zum Ausbruch der Erkrankung. Hier müssen Sie einschreiten und den Tieren eine artgerechte, hygienische Haltung garantieren. Dazu gehört sowohl die abwechslungsreiche und artgerechte Ernährung, als auch im besonderen eine umfassende Hygiene, um sowohl eine Vermehrung der Krankheitskeime im Terrarium, als auch eine Infizierung der Tiere mit den Keimen zu verhindern. Scheidet ein Frosch mit seinem Kot Bakterien aus, ist dies zunächst völlig natürlich und ungefährlich. Wird dieser Kot aber nicht restlos entfernt, können sich die darin natürlicherweise vorkommenden Bakterien massenhaft vermehren und an

So muß ein gesunder Rotaugenlaubfrosch, *Agalychnis callidryas,* aussehen. Er ist wohlgenährt, zeigt keine Verletzungen der Haut und Gliedmaßen und wirkt interessiert an der Umwelt. Diese Frösche sind recht langsam und flüchten nicht.

Köperstellen - vor allem die Haut und Augen - gelangen, an die sie nicht gehören und an denen sie pathogen, also krankheitserregend, wirken. Die Vorsorge muß also aus einer optimalen Hygiene und einer artgerechten Haltung bestehen.

Ektoparasiten, die äußerlich am Wirt sitzen, wie Milben und Zecken, werden in der Regel mit Freilandfutterfängen oder selbst gesuchten Einrichtungsgegenständen eingeschleppt. Hier liegen die Ursachen selten in einem Haltungsfehler in der Natur. Der massenweisen Vermehrung von Milben können Sie durch eine ausreichende Belüftung und das Auswechseln des Bodengrundes bei Befall vorbeugen.

Im folgenden Teil können Sie vom Kauf der Tiere bis zur Erkrankung genau nachlesen, worauf Sie zu achten haben und wie Sie im Krankheitsfall reagieren sollten.

Kauf und Quarantäne

Bevor Sie überhaupt an den Kauf von Tieren denken, sollten Sie sich einen Überblick über den allgemeinen Hygienezustand der betreffenden Haltung verschaffen. So sollten alle Terrarien sauber und in gutem Zustand sein. Die Scheiben sollten genau wie das Wasserbecken sauber sein. Die Terrarien sollten nur mit einer vertretbaren Anzahl von Fröschen besetzt werden, die auch wirklich zur Vergesellschaftung geeignet sind. Stimmen diese Dinge, können Sie sich auf die Suche nach Ihrem Frosch machen. Dieser soll natürlich möglichst frei von allen Krankheiten sein. Es gibt gute Anhaltspunkte für die Beurteilung des Allgemeinzustands. Der Frosch muß gut genährt sein, die Beckenknochen dürfen sichtbar sein, aber nicht hervortreten. Die Augen müssen klar sein, die Haut frei von Geschwüren, Pusteln, Abschür-

Zum kurzen Transport Ihres Froschs genügt ein kleiner Behälter, der mit feuchtem Papier ausgelegt ist. Es darf keine Überhitzung oder Unterkühlung entstehen.

fungen oder Ektoparasiten. Die Gliedmaßen sollten alle Zehen und Finger besitzen. Der Frosch muß sich einwandfrei bewegen können. Er darf nicht apathisch oder gelähmt wirken und sollte natürliche Fluchtreaktionen zeigen. Kein Tier läßt sich gerne anfassen, es sei denn, es ist zu schwach, um sich zu wehren. Kurz gesagt muß er frei von Verletzungen sein, nicht teilnahmslos wirken und sich in einem gut genährten Zustand befinden. Informieren Sie sich schon vor dem Kauf des Frosches über das genaue Aussehen der Art, über sein Verhalten und sonstige Besonderheiten. Jede Art hat andere Aktivitätszeiten und Gewohnheiten, die bei einer anderen Art vielleicht auf eine Krankheit schliessen lassen könnte, bei dieser jedoch völlig normal sind. Gerade in der Hautfarbe und -verfärbung kann es ganz natürliche Unterschiede geben, aber eine bläßliche Verfärbung kann auch ein Anzeichen für Unwohlsein und Krankheit bedeuten. Gleiches gilt für die Aktivität eines Frosches. Es ist bei tagaktiven Arten ein gutes Zeichen, wenn die Tiere im Terrarium aktiv sind, bei einer nachtaktiven Art sollten Sie jedoch genau

> Bevor und nachdem Sie Ihre Frösche anfassen waschen Sie sich Ihre Hände mit lauwarmem Wasser ab, da sowohl das Salz Ihrer Haut den Fröschen schaden, als auch die Hautabsonderungen der Frösche Ihre Schleimhäute reizen könnte.

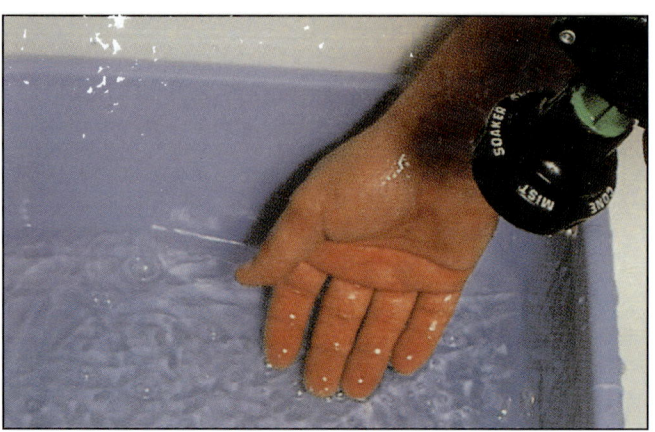

hinsehen, wenn diese Tiere tagsüber auf Beutefang gehen.

Trotz all dieser Vorsichtsmaßnahmen kann der gewählte Frosch krank sein und Sie sollten Neuerwerbungen immer erst in ein Quarantänebecken zur Beobachtung setzen. Dies ist besonders ratsam, wenn Sie den Frosch bei einer bestehenden Gruppe unterbringen, so können Sie eine Ansteckung des Bestandes verhindern. Beobachten Sie die Neulinge vier bis sechs Wochen lang auf untypisches Verhalten und ob die Frösche fressen. Wenn Sie die Möglichkeit haben, lassen Sie zusätzlich die ein oder andere Kotprobe auf Wurmbefall untersuchen.

Handhabung

Amphibien sind sicher keine Streicheltiere und sollten so selten wie möglich in die Hand genommen werden. Ihre

Greifen Sie Ihre Frösche nicht zu fest aber auch nicht zu sanft kurz hinter dem Kopf. Achten Sie bei kräftigen Arten sowohl auf das Maul, als auch auf die kräftigen Hinterbeine. Bei der Handhabung sollten Ihre Hände immer leicht feucht sein.

Haut ist sehr empfindlich und die Berührung mit unseren warmen, salzigen Händen schadet ihr. Amphibien sollten möglichst nur angesehen und bewundert werden. In Situationen, in denen Sie die Frösche länger in der Hand halten müssen, sollten Sie sich Ihre Hände vorher gründlich mit lauwarmem Wasser abspülen und feucht lassen, so minimieren Sie den Salzgehalt auf der Haut und die nassen Hände entziehen dem Tier keine Feuchtigkeit. Vermeiden Sie auf jeden Fall jegliche „Jagdsituation" beim Herausnehmen eines Froschs aus dem Terrarium. Sollte er Ihnen beim ersten Fangversuch entwischen, lassen Sie den Gejagten erstmal ausruhen und versuchen Sie es später noch einmal. So ersparen Sie dem Frosch unnötigen Streß. Aquatisch lebende Frösche fangen Sie am besten mit einem Kescher der ein weiches, feinmaschiges Netz hat. Fassen Sie den Frosch nicht zu fest an, aber auch nicht zu sanft, so daß er entfliehen kann. Zum einen kann so ein Sprung leicht zu Verletzungen führen, zum anderen bedeutet auch dies wieder unnötigen Streß. Untersuchen Sie den Frosch am besten direkt über einer Unterlage, zum Beispiel über einer Wasserwanne, dadurch ist auch ein eventueller Fluchtsprung ohne erhöhtes Verletzungsrisiko. Am besten fassen Sie Froschlurche mit zwei Fingern wie beim Amplexus unter den Achseln oder um das Becken. Unterschätzen Sie dabei nicht die Sprungkraft einiger Arten und deren Glitschigkeit. Passen Sie bei größeren Fröschen auch auf das Maul auf, ein Schmuckhornfrosch kann schon recht stark zubeißen! Auf jeden Fall sollten Sie den Frosch immer so schnell wie möglich in sein Terrarium zurücksetzen. Waschen Sie sich auch jetzt die Hände, da selbst ungiftige Arten über ihre Haut Sekrete absondern oder auch Erreger beherbergen, die den Menschen befallen können. Sie vermeiden so auch eine Übertragung von einem Terrarium ins nächste. Sollte ein Transport zum Tierarzt oder auch beim Neuerwerb notwendig sein, genügt hierzu ein kleiner Behälter, der mit feuchten Tüchern oder Moos ausgelegt ist, bei aquatisch lebenden Fröschen genügt eine Wasserhöhe, die ihn knapp bedeckt.

Hygiene

Die Hygiene ist sicher der entscheidende Faktor in der Prävention von Krankheiten und zur Verhinderung einer weiteren Ausbreitung. Entfernen Sie regelmäßig alle abgestorbenen Pflanzenteile, alle Kotreste und toten Futtertiere sowohl vom Landteil, als auch aus dem Wasser. Reinigen Sie die Einrichtungsgegenstände regelmäßig. Neue Wurzeln, Stämme, Kies oder Steine halten Sie am besten in heißen Wasserdampf oder kochen sie kurz ab. Reinigen Sie die Glasscheiben, gerade bei Laubfroscharten, von Hautresten mit heißem Wasser. Bei einer Generalreinigung können Sie auch auf gebräuchliche Haushaltsreiniger zurückgreifen,

Hygiene im Terrarium ist äußerst wichtig. Während Sie das Terrarium reinigen, können Sie die Frösche übergangsweise in einem einfachen, feuchten Behälter unterbringen, wie hier diesen Schmuckhornfrosch.

müssen dann aber unbedingt gründlich mit Wasser nachspülen, um auch die letzten Spülmittelreste auszuwaschen. Die Amphibienhaut ist äußerst empfindlich und verätzt leicht. Der Bodengrund darf auf keinen Fall faulen oder Staunässe bilden. Er sollte immer feucht und locker gehalten werden und ebenso wie das Wasser gelegentlich erneuert werden. Sollte in einem Terrarium einmal eine Krankheit ausbrechen, trennen Sie zunächst die kranken Frösche von den gesunden. Treten weitere Krankheitsfälle auf, müssen Sie alle Tiere in Quarantänebecken setzen und das Terrarium komplett ausräumen, desinfizieren und sämtliche Einrichtungsgegenstände wegwerfen. Sparen Sie hier nicht an der falschen Stelle, denn eine Desinfektion von Steinen, Kies oder Holz kann ich Ihnen nicht empfehlen, investieren Sie das Geld zum Wohl Ihrer Frösche. Sie können dann das Terrarium neu einrichten und die geheilten Tiere zurücksetzen.

Krankheiten

Noch immer steckt die Erforschung und Behandlung vieler Erkrankungen von Amphibien in den Kinderschuhen. Die meisten Arzneien sind nicht speziell für Amphibien entwickelt und werden nur in ihrer Dosierung den kleinen Körpern angepaßt. Gerade die zur Bakterienbehandlung notwendigen Antibiotika töten bei verfehlter Konzentration nicht nur die Krankheitskeime, sondern den Frosch gleich mit. Glücklicherweise

suchen immer mehr Tierärzte, aber auch Hobbypfleger nach neuen Möglichkeiten der Therapie und wir können stetig mit neuen Erkenntnissen rechnen. Trotzdem muß als effizientestes Mittel immer noch die Vorsorge in Form einer ausgeglichenen Ernährung und peniblen Hygiene angesehen werden. Sie sollten sich jedoch auch darüber bewußt sein, daß ein Amphibium, ist es erst einmal schwerer erkrankt, oft nicht mehr gerettet werden kann. Die Behandlungen beziehen sich meist auf infizierte Bestände, bei deren Behandlung eher die Gruppe, als der einzelne Frosch im Vordergrund steht.

Allgemeine Krankheitssymtome

Einen kranken Frosch erkennt ein geübter und erfahrener Pfleger in der Regel sehr einfach an Veränderungen des Aussehens und des Verhaltens. Im Verhalten wirken kranke Tiere gehemmt, teilnahmslos, uninteressiert, fressen nicht mehr, wirken ungeschickt bei der Jagd oder bewegen sich ungelenk. Dies

Oft erkennen Sie Krankheiten an Veränderungen in Verhalten oder Aussehen, wie bei diesem Kuba-Laubfrosch, *Osteopilus septentrionalis*, der eigentlich eine beige-braune Färbung zeigen sollte.

43

Krankheiten bei Fröschen sind heilbar, wenn sie frühzeitig erkannt und behandelt werden. Ist eine Hauttuberkulose erst einmal so weit fortgeschritten wie bei diesem Afrikanischen Krallenfrosch, *Xenopus laevis,* hilft auch kein Antibiotikum mehr. Früher erkannt, hätte ihm geholfen werden können.

sind wirklich auffällige Zeichen für eine Erkrankung des Tiers. Ebenso halten sich baumbewohnende Arten bei einer Erkrankung vornehmlich am Boden auf. Bei Wurmbefall wird das Wasserbecken vermehrt aufgesucht und darin länger verweilt. Sicher müssen Sie die speziellen Gewohnheiten der einzelnen Arten berücksichtigen, aber all diese Symptome weisen stark auf eine Erkrankung hin, wenn sich der Frosch früher aktiver, interessierter und bewegungfreudiger gezeigt hat. Deshalb beobachten Sie Ihre Pfleglinge häufig, um gerade Verhaltensveränderungen mitzubekommen. Viele Erkrankungen bewirken auch äußerliche Veränderungen an den betroffenen Fröschen. Typischerweise können sie eine Verblassung der Hautfarbe erkennen, die von einem satten Grün in ein Grüngelb, von Braun zu Beige reichen. Hautveränderungen in Form von Dellen, Pusteln oder Geschwüren deuten auf eine endoparasitäre Infektion hin, können aber bei Bodenbewohnern auch auf falsche, vor allem zu feuchte Haltung zurückgeführt werden. Plötzlich auftretende, offene Wunden sind häufig mechanische Verletzungen, wohingegen sich langsam öffnende Wunden meist am Ende einer längeren, inneren Infektion stehen. Ein Gewichtsverlust deutet oft auf eine Krankheit hin, kann aber auch das Resultat einer falschen Ernährung, falscher Futtertiere oder einer zu übermächtigen Futterkonkurrenz im Terrarium sein. Im einzelnen ist eine Diagnose relativ schwierig.

In dem folgenden Abschnitt finden Sie kurz die bekanntesten Krankheiten mit ihren möglichen Therapien. Auf jeden Fall sollten Sie sich nach einem auf

Amphibien spezialisierten Tierarzt in Ihrer Nähe erkundigen, der Ihnen sowohl bei der Diagnose, als auch bei der Behandlung der erkrankten Tiere und der Beschaffung der Arzneien hilft.

Bakterielle Infektionen

Zu den bakteriellen Infektionen gehören die bekanntesten und zugleich gefürchtetsten Amphibienkrankheiten, die „Red-Leg"- und die Frühjahrsseuche. Die „Red-Leg"-Seuche kann, wenn sie früh erkannt wird, geheilt werden. Erkrankte Frösche können Sie bei sorgfältiger Beobachtung an folgenden Symptomen erkennen:
Der Frosch wirkt unlustig und apathisch, er bewegt sich unbeholfen und wackelig, scheint desorientiert beim Beutefang. Berühren Sie den Frosch, zeigt er keine schnellen Fluchtreaktionen. Das typische, sichtbare Zeichen ist die namensgebende Verfärbung der Schenkelinnenseiten und Bauchseite in einen rosaroten Ton. Begleitet ist diese Erkrankung, die von dem Bakterium *Aeromonas hydrophila* ausgelöst wird, von angeschwollenen Lymphknoten, die das betroffene Tier aufgedunsen wirken lassen und im

fortgeschrittenen Stadium sogar durch die Haut brechen. Die Bakterien können sich im Terrarium schnell ausbreiten. Sie sollten befallene Tiere schon beim Verdacht auf eine Infektion separieren und das Terrarium gründlich reinigen. Der Erreger gehört normalerweise zur natürlichen Darmflora vieler Amphibien und wird nur dann gefährlich, wenn er sich im Terrarium vermehren und die Haut besiedeln kann. Eine „Red-Leg"-Infektion ist immer auf unzureichende Hygiene zurückzuführen. Die Behandlung erfolgt durch tägliche Bädern in einer Kupfersulfatlösung, ebenfalls gebräuchlich sind Lösungen mit Kaliumpermanganat. Diese Bäder töten die

Auch die „Red-Leg"-Seuche ist nur im Anfangsstadium behandelbar. Ist die Infektion erst einmal durch die Haut gebrochen, kann der Frosch meist nicht mehr gerettet werden. So dramatisch wie auf dem Bild verläuft die Erkrankung nicht immer.

Häufig gibt nur eine geschwächte Immunabwehr den Erregern die Möglichkeit, eine Krankheit auszulösen. Streß durch Überbesatz schwächt die Immunabwehr und gibt Keimen einen günstigen Nährboden zur Vermehrung.

Erreger nur an der Oberfläche ab. Eine zusätzliche Behandlung mit Antibiotika empfiehlt sich auf jeden Fall. Am gebräuchlichsten ist hier die Gabe von Tetracyclin in einer Lösung direkt in das Maul oder über das Futter, wobei die Erkrankten teilweise zwangsernährt werden müssen. Hierzu üben Sie je nach Robustheit der Art einen gewissen seitlichen Druck auf die Kiefergelenke aus und drücken das präparierte Futter(-tier) in das Maul des Froschs, das Sie danach geschlossen halten müssen, bis dieser das Futter geschluckt hat. Das Antibiotikum muß genauestens dosiert werden, da eine Überdosis auch den Frosch töten wird. Fragen Sie am besten Ihren Tierarzt nach der Dosierung des verschriebenen Präparats. Die Behand-

lung kann sich dann über mehrere Wochen hinziehen, wobei eine Genesung möglich ist.

Die Frühjahrsseuche tritt verstärkt zur Fortpflanzungszeit bei Bewohnern der gemäßigten Breiten auf. Neben einer allgemeinen Mattigkeit, Trägheit und Apathie der Tiere reißen betroffene Frösche auffallend häufig das Maul auf, als wenn sie gähnen würden. Bei dem Erreger handelt es sich um das Bakterium *Bacterium ranicida,* weshalb auch hier eine Behandlung mit Antibiotika sinnvoll ist. Begleitend kann das erkrankte Tier ebenfalls in desinfizierenden Lösungen aus Kupfersulfat oder Kaliumpermanganat gebadet werden. Ein zuverlässiges Antibiotikum ist derzeit nicht bekannt, jedoch liegen Ihrem

Tierarzt sicherlich die neuesten Forschungsergebnisse vor und er kann Ihren Tieren das beste Mittel verschreiben.

Pilzinfektionen

Pilzinfektionen stellen vor allem in der Kaulquappenaufzucht eines der großen Probleme dar. Beobachten Sie auch bei aquatisch lebenden Fröschen aufmerksam punktuelle Hautveränderngen. Diese Stellen sind häufig weiß gesäumt und können sich schnell todbringend vergrößern. Pilzinfektionen können alle Amphibien befallen und zeichnen sich meist durch flächige Veränderungen und regional beschränkte Verfärbungen der Haut aus. Ratsam ist hier eine Behandlung mit Medikamenten aus der Aquaristik, die dem Wasserteil zugesetzt werden. Häufig verwendete Wirkstoffe sind Malachitgrün und Merbromin. Bei schwereren Fällen trennen Sie die befallenen Tiere von den anderen und pinseln die betroffenen Stellen über eine Woche noch zusätzlich regelmäßig ein. Bei umfangreicheren Aufzuchten ist es sehr sinnvoll, den Aufzuchtbecken eine niedrige Dosis dieser Mittel ständig beizumischen, um Infektionen vorzubeugen. Pilzinfektionen selbst sind mitunter recht hartnäckig, aber selten die alleinige Todesursache. Die entstehenden, offenen Hautstellen bieten vielmehr anderen Krankheitskeimen eine Pforte in das Tier, das schon durch den Pilz geschwächt, ein leichtes Opfer darstellt.

Im Einzelfall ist eine präventive Gabe von einem Breitbandantibiotikum nicht verkehrt. Der Tierarzt wird die Situation sicher richtig zu beurteilen wissen.

Wurmbefall

Anzeichen für einen Befall mit Würmern ist eine merkliche Masseabnahme bei den Fröschen, obwohl Sie eine normale Futteraufnahme beobachten können. Ebenso halten sich die Befallenen untypisch häufig im Wasserteil auf. Die Würmer befallen vor allem den Darm und sind unter dem Mikroskop schon bei kleineren Vergrößerungen gut im Kot zu erkennen. Eine Behandlung ist sehr erfolgsversprechend, wird der Befall früh erkannt. Leider wandern manche Würmer auch in den Körper des Tieres und befallen vornehmlich die Lungen, in diesem Stadium kommt meist jede Hilfe zu spät. Teilweise parasitieren sie auch in den Augen und verursachen dort Knötchen. Erkundigen Sie sich bitte bei Ihrem Tierarzt nach dem aktuellen geeigneten Mittel und dessen Dosierung.

Äußere Verletzungen

Unter äußeren Verletzungen verstehe ich Verletzungen der Haut, die nicht auf Infektionen zurückzuführen sind. Sie bieten aber gerade diesen eine ideale Eintrittspforte, da die intakte Haut der beste Schutz vor Infektionen ist. Die verletzten Stellen setzen den Mikroorganismen keine Barriere mehr entgegen, und diese können ungehindert in das Tier eindringen. Äußere Verletzungen entstehen entweder rein mechanisch durch Abschürfungen an rauhen, scharfen oder spitzen Gegenständen. An den Schnauzen treten sie vor allem durch Sprünge an die Scheiben oder aber auch durch Verbrennungen an ungünstig plazierten Lampen oder Terrarienheizungen auf. In jedem Fall muß die Wunde desinfiziert werden und der Frosch bis zur Heilung der Wunde in keimarmer Umgebung gehalten werden, um eine Infektion der Wunde zu vermeiden.

Mangelernährung

Eine falsche Ernährung Ihrer Terrarienbewohner ist immer ein begünstigender Faktor für Krankheiten, da sie sowohl den Allgemeinzustand des Tieres, als auch das Immunsystem schwächt. Es gibt jedoch auch eine Reihe von Störungen, die die Tiere direkt ohne das Einwirken eines mikrobiellen Erregers beeinträchtigen und in der Folge sogar töten können. Gerade wenn der Mineralstoffanteil nicht stimmt, kann es zu einem schwachen Knochenbau bei einer Unterversorgung oder zu steifen Gelenken bei einer Über-

Dieser Schaufelfuß, *Scaphiopus couchi,* ist derart abgemagert und krank, daß seine Beckenknochen spitz herausstehen. Der Frosch starb innerhalb einer Woche.

dosierung kommen. Ein weiterer Hinweis auf eine Mangelerkrankung ist das Hervortreten des Dickdarm aus der Kloake, der sogenannte Darmvorfall. Hier desinfizieren Sie den herausgetretenen Darmabschnitt und die Umgebung der Kloake, halten den Frosch unbedingt in einem keimarmen Quarantänebecken und stellen die Fütterung um. Der Nährwert Ihrer Futtertiere steigt mit der Qualität des Futters, das Sie ihnen geben. Zusätzlich sollten Sie die Futtertiere etwa einmal pro Woche mit einem Mineralstoff-Vitamin-Zusatz einstäuben, bei Jungfröschen bei jeder zweiten bis dritten Fütterung. Sollten sich kleinste Anzeichen einer Über- oder Unterdosierung zeigen, ändern Sie diese entsprechend.

Falsche Haltungsbedingungen

Neben einer falschen Ernährung kann auch die nicht artgerechte Haltung zu Erkrankungen und Verhaltensänderungen führen. Als ein deutliches Merkmal bleiben bei nicht artgerechter Haltung Paarung und Balz aus, die Tiere kommen nicht in Fortpflanzungsbereitschaft. Gravierendere Haltungsfehler führen zu Erkrankungen, oder zu lebensbedrohlichen Zuständen. Ein Amphibium muß sich von Zeit zu Zeit häuten. Ist die Haltung allgemein zu trocken, kann die alte Haut nicht abgestreift werden. Sie können dies sehr gut an einem Mattwerden des Tieres erkennen und sollten dann bei der Häutung helfen. Baden Sie das

Tier in kaltem Kamillentee und streifen Sie die Haut ganz vorsichtig ab. Wenden Sie hierbei keinerlei Gewalt an, um festsitzende Hautschuppen zu entfernen, sondern baden Sie das Tier dann lieber etwas länger. Als Konsequenz müssen Sie die Luftfeuchtigkeit im Terrarium erhöhen. Eine zu hohe Luftfeuchtigkeit oder gerade bei grabenden Arten ein zu feuchter Bodengrund kann jedoch zu offenen Stellen und somit zu Infektionen führen. Kontrollieren Sie Ihre Tiere regelmäßig und behandeln Sie offene Stellen sofort, möglichst unter sterilen Bedingungen.

Eine keimarme Haltungsweise sieht nicht gerade sehr ansprechend aus, doch ist nichts dagegen einzuwenden, wenn sie den Bedürfnissen der Frösche gerecht wird. Diese Ansammlung des Amerikanischen Laubfroschs, *Hyla cinerea,* wirkt gesund, sollte jedoch in ein etwas artgerechteres Terrarium mit einigen Pflanzen gesetzt werden.

Vermehrung

Für jeden Froschhalter muß die Fortpflanzung seiner Pfleglinge im Mittel-
punkt des Interesses stehen. Immer
mehr Froschlurche sind in der freien
Natur vom Aussterben bedroht oder in
ihrer Population schon so dezimiert,
daß sie als ausgestorben gelten müssen. Viele Amphibien stehen vor dieser
Bedrohung, weil die Qualität ihres
Lebensraums dramatisch verändert
wird - teils durch den Menschen, teils
durch die Natur selbst. Durch Nachzuchten in menschlicher Obhut tragen
Sie aktiv dazu bei, bedrohte Tierarten
zu erhalten und deren Fang aus der
Natur zu stoppen. In den letzten Jahrzehnten gab es große Fortschritte in
der Froschzucht und auch heute noch
gibt es viele neue, aufschlußreiche Er-
kenntnisse über die Bedürfnisse dieser
interessanten Amphibien. In der Ver-
gangenheit scheiterte die Vermehrung
oft schon daran, daß man seine Frösche

einfach nicht zur Paarung oder zum
Amplexus bekam. Wir wissen heute
sehr genau, daß Amphibien verschiedene Reize brauchen, die sie zur Paarung bewegen. Fehlen diese Stimulan-
zien, erfolgt keine Paarungsbereit-
schaft. Es ist also Ihre Aufgabe, diese
natürlichen Reize, die nichts weiter
darstellen als die natürlichen Bedingungen in der Heimat der Pfleglinge, bei der Terrarienhaltung nach-
zuempfinden. Sie müssen Ihren Terrarienbewohnern im Prinzip nur
eine möglichst detailgetreue Abbildung ihres natürlichen Biotops mit
all seinen Eigenheiten schaffen.
Dazu gehören die richtigen Pflanzen genauso, wie die richtige Luftfeuchtigkeit oder auch das passende Futter, ferner jahreszeitliche

Klimaschwankungen und ein damit meist einhergehendes, unterschiedliches Futterangebot. Wollen Sie Ihre Frösche erfolgreich vermehren, müssen Sie diese artgerechten Umwelteinflüsse als Paarungsauslöser anbieten. Im allgemeinen sieht ein typischer Zyklus so aus, daß auf eine kühlere und trockenere Periode mit einem relativ geringen Futterangebot eine Zeit mit erhöhten Temperaturen und hoher Luftfeuchtigkeit folgt. Zu der hohen Luftfeuchtigkeit kommen simulierte Regenfälle, und das Nahrungsangebot wird erhöht. Einige Arten reagieren zudem auf einen Wechsel der Tages- und Nachtlängen. Bevor Sie mit der Vermehrung Ihrer Pfleglinge anfangen, sollten Sie sich über die Ansprüche der Art völlig im Klaren sein. Ebenso ist es für Sie als Terrarianer wichtig zu wissen, wie viele

Nachkommen von der Art produziert werden. Es macht schon einen Unterschied, ob Sie einen Pfeilgiftfrosch halten, der nur wenige Eier legt, selten über 20, oder einen Laubfrosch, der schon mehrere hundert bis tausend Eier ablaicht. Dies sind Umstände, die Sie bei der Aufzucht berücksichtigen müssen. Sie werden nicht alle Jungtiere behalten wollen, der Verkauf von Hunderten von Tieren ist nicht immer möglich. Seien Sie sich dessen bewußt und klären schon im Vorfeld die Aufzuchtmöglichkeiten und den späteren Verbleib der Nachzucht ab. Hier helfen Ihnen sicher Kontakte mit Vereinen oder auch Zoohandlungen.

Generell sollten Sie mehr weibliche als männliche Frösche im Terrarium haben und bei den Tieren auf einen einwand-

Viele Frösche legen ihre Eier auf Blättern ab. Die Gelege der meisten kleineren Frösche verschiedener Gattungen bestehen nur aus sehr wenigen Eiern, so wie dieses Gelege einer Dendrobatiden-Art, das ebenfalls auf ein Blatt gelegt wurde. Foto: A. van den Nieuwenhuizen

Dieses Weibchen des Goldenen Madagaskar-Fröschchens scheint überfüttert, dabei ist die Schwellung auf ihren eiergefüllten Bauch zurückzuführen. Sie wird sich bald ein Männchen zur Paarung suchen.

Vermehrung

Schon deutlich zu erkennen sind die Larven im Laich des Springfroschs, *Rana dalmatina,* die bald frei umherschwimmen werden. Der Laich wird in großen Klumpen abgelegt. *Dendrobates tinctorius* legt seinen Laich in Laichhöhlen ab, die im Zuchtterrarium stehen.
Foto: Dr. J. Schmidt

freien Gesundheitszustand achten. Sollten Sie Zweifel an der Gesundheit einzelner Tiere haben, setzen Sie den Frosch in Quarantäne. Die Größe der Zuchtgruppe hängt sehr von der Art ab und davon, wieviel Nachwuchs Sie als Pfleger versorgen können. Bei stark revierbildenden Arten reicht pro Terrarium ein Pärchen. Normalerweise sollten Sie, gerade wenn Sie artspezifische Terrarien haben, keine Umsetzung in spezielle Zuchtterrarien vornehmen. Richten Sie Ihre Terrarien lieber von Anfang an so ein, daß die zur Paarung und Laichablage notwendige Einrichtung vorhanden ist. Ein erneutes Umsetzen und eine damit verbundene, neue Eingewöhnung kostet im Einzelfall viel Zeit. Frösche laichen an sehr unterschiedlichen Stellen. Viele laichen frei im Gewässer - das ist der bekannte Laich unserer einheimischen Frösche und Unken oder die Laichschnüre der Kröten. Andere Arten legen ihr Gelege in Höhlen und betreiben eine sehr interessante Brutpflege - viele Dendrobatiden - andere wiederum bauen Schaumnester, in denen die Eier vom Austrocknen geschützt sind. Viele baum-

52

bewohnende Arten, wie *Hyla* und *Agalychnis*, heften ihren Laich an Blätter, die über das Wasser ragen, so daß die schlüpfenden Kaulquappen direkt dort hineinfallen. Auch wenn Sie den Laich in der Regel vor dem Schlupf der Kaulquappen aus dem Terrarium entfernen werden, sollten Sie den Fröschen Laichmöglichkeiten anbieten, die diese auch akzepzieren können und die ihren natürlichen Ablageplätzen entsprechen. Ansonsten wird der Frosch nicht laichen. Wenn Sie nun Temperatur, Nahrungsangebot und vor allem die Luftfeuchtigkeit nach einer Ruhephase erhöhen, sollten die Männchen schon bald mit dem Rufen beginnen. Manche Arten zeigen regelrechte Revierkämpfe. Haben sich erste Paare gefunden, umklammert das Männchen das Weibchen je nach Art in der Achsel, Beckenoder selten der Kopfgegend. Manchmal fehlt dieser Amplexus vollständig. Nun steht die Laichablage kurz bevor und der Amplexus löst sich wieder. Je nach Art kann diese Umklammerung von einigen Stunden bis zu einigen Tagen andauern.

Im Terrarium ist das Verhalten vieler Arten leider gestört und gerade die Brutpflege wird oft nicht oder nur unvollständig durchgeführt. Sie müssen genau darauf achten, ob der Frosch alles richtig macht. Generell empfehle ich Ihnen eine Aufzucht außerhalb des Terrariums, indem Sie den Laich schon vor dem Schlupf der Kaulquappen in andere Terrarien oder Aufzuchtaquarien überführen. Einige Dendrobatiden betreiben eine ausgesprochen aufwendi-

Dieser Laubfrosch legt seinen Laich in feuchtem Moos auf dem Boden ab. Die Larven werden sich nach dem Schlupf ihren Weg zum nächsten Gewässer selbst suchen müssen.
Foto: Aqualife, Taiwan

Viele Raniden legen ihren Laich in großen Ballen frei ins Wasser ab oder befestigen ihn zwischen Pflanzen, damit er nicht weggespült wird, wie auf diesem Bild.

ge Brutpflege und versorgen die Kaulquappen zusätzlich mit Nahrung. Eine Aufzucht von Hand gelingt hier selten und ist nicht anzuraten. Die Frösche übernehmen die Arbeit in großen Terrarien glücklicherweise selbst, wenn sie weitestgehend ungestört bleiben. Erst wenn die Brutpflege ausbleibt und die Larven ohne Ihre Hilfe verenden würden, sollten Sie eingreifen. Handelt es sich um Laich, der nicht ins Wasser gelegt wurde, wie bei Haftlaichern und Schaumnestern, befestigen Sie das Gelege so, daß die schlüpfenden Larven leicht ins Wasser fallen können. Diese Gelege sind durch gelegentliches Besprühen vor dem Austrocknen zu schützen. Schaumnester können auch direkt auf die Wasseroberfläche des Aquariums gelegt werden, die Hülle trocknet so nicht aus und die geschlüpften Kaulquappen gleiten leicht in das Becken.

Die besten Ergebnisse bei der Aufzucht größerer Laichmengen habe ich mit der von SCHULTE beschriebenen Wannenmethode gemacht. Hierbei sind mehrere kleinere, 2 bis 5 l große Aufzuchtaquarien an ein größeres Zentralaquarium über Rückläufe gekoppelt. Die Aufzuchtaquarien besitzen eigene, kleine Filter, die ihr Wasser an das mindestens 150 l große Zentralaquarium abgeben. Das Zentralaquarium besitzt einen Aktivkohlefilter und ist nicht mit Kaulquappen besetzt. Zur Erhöhung der Wasserqualität können hier einige Wasserpflanzen eingesetzt werden. In dem großen Zentralaquarium verdünnen sich Schadstoffe und es können im Notfall Medikamente zentral eingebracht werden. Hier ersetzen Sie während der Behandlungsdauer das Aktivkohlefilter durch einfache Filterwatte. Für die Wasserqualität herrschen nun die gleichen Maßstäbe, wie für ein mit tropischen

Fischen besetztes Aquarium. Sobald die Vorderbeine durchgebrochen sind, gehen die Jungfrösche auch bald an Land. Hierzu werden sie in eine Aufzuchtwanne überführt, die eine Schräge zum Land hat. Der aquatische Teil wird ebenfalls über das Zentralaquarium versorgt und es ist äußerst praktisch, die Aufzuchtwanne auf dem Aquarium zu plazieren, denn so kann über einen einfachen Überlauf das gebrauchte Wasser ständig erneuert werden. Die Wassertemperatur liegt bei mir im Mittel mit etwa 24 °C bei einer Temperatur, die ich Ihnen universell empfehlen kann. Sie haben mit dieser Aufzuchtanlage den Vorteil, nur das Wasser im großen Aquarium etwa alle zwei Tage zu einem Drittel erneuern zu müssen. Zur Aufzucht der Larven füttern Sie verschiedene Algennahrung. *Tubifex*

und Insektenlarven, die auch zerkleinert dargeboten werden können. Die Größe der Nahrungspartikel, die die Larven fressen können, ist gerade zum Beginn der Entwicklung minimal. Sie werden nicht umhinkommen, sämtliches Futter feinst zu zerreiben. Füttern Sie niemals zu viel auf einmal, trotz bester Filteranlage ist dies immer eine Gefahrenquelle für Verpilzung und andere Infektionen. Fangen Sie mit dem Füttern auch erst an, wenn sich die Kaulquappen frei im Wasser bewegen, erst dann ist ihr eigener Dottersack aufgebraucht und sie können Nahrung aufnehmen.

Bei Arten, die eine Brutpflege betreiben, halten Sie die Elterntiere am besten in Terrarien, die gleichzeitig als Zuchtterrarium dienen. Diese können mehr oder weniger keimarm ausgestattet sein und

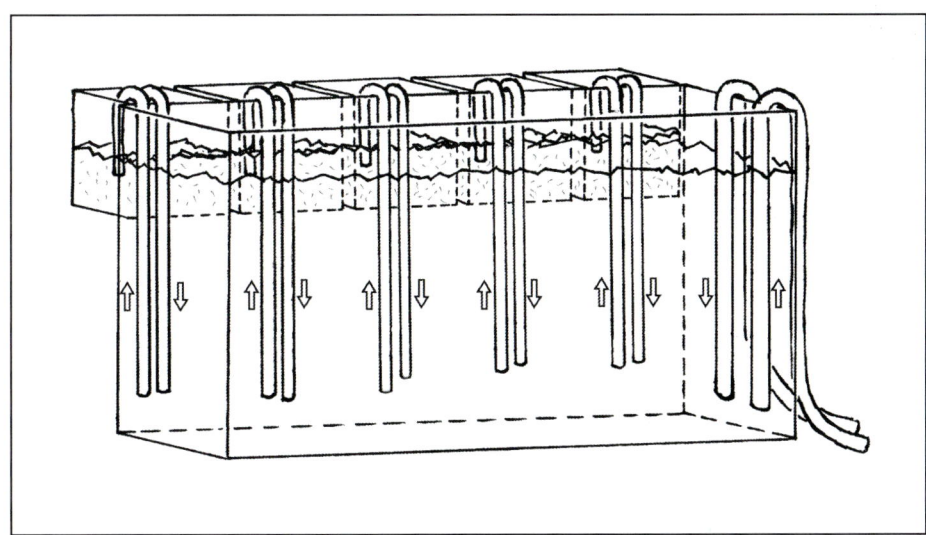

Die Wannenmethode erspart Ihnen bei der Aufzucht größerer Larvenmengen Zeit und Arbeit. Statt viele kleine Aquarien säubern zu müssen, ersetzen Sie nur im Zentralaquarium regelmäßig Wasser.

müssen bei Dendrobaten zumindest Höhlen zur Eiablage und großblättrige Bromelienarten zur Kaulquappenaufzucht enthalten. Die Kaulquappen leben in den wassergefüllten Achseln und Trichtern der Bromelienblätter und ernähren sich von den dort eingespülten und lebenden Tieren. Im Terrarium müssen Sie das Futter einbringen. Wie erwähnt, findet die Brutpflege nicht immer statt, und so müssen Sie diese übernehmen. Es gibt im Aquarienhandel kleine, schwimmende Aufzuchtbehälter für Fische, die Sie in ein großes Aquarium einsetzen können und die sich optimal zur Aufzucht der Larven eignen. Vor der endgültigen Metamorphose sorgen Sie wieder für eine geeignete Landungsmöglichkeit, um ein Ertrinken der Frösche zu verhindern.

Sind die Jungfrösche dann erstmal gesund ans Land geklettert, beginnt ein weiteres Problem. Halten Sie möglichst

nicht mehr als zehn bis 20 gleichgroße Tiere in einem Behälter, um Verlusten durch sich schnell ausbreitende Seuchen zu begegnen und einen Überblick über das Freßverhalten der Tiere zu bekommen. Das beste Aufzuchtfutter stellen Taufliegen, deren Larven und kleinste

Grillen dar, die unbedingt zweimal wöchentlich mit Vitamin- und Mineralstoffpräparaten eingestäubt werden müssen. Ist selbst dieses Futter zu groß, müssen Sie Springschwänze verfüttern. Mit der zunehmenden Größe des Froschs kann das Futter dann angepaßt werden.

Die separate Aufzucht kannibalistischer Larven ist gerade bei kleinen Aufzuchtmengen durchaus möglich und schon mit einfachen Hilfsmitteln wie diesen Plastikbechern zu realisieren.

Die Biologie teilt das Tier- und Pflanzenreich in eine Vielzahl von Klassen, Ordnungen, Familien und Gattungen ein. Sie müßten schon ein sehr detailliertes Wissen besitzen, um jede Art richtig in dieses System einordnen zu können. Ich habe dieses Kapitel alphabetisch nach Gattungen sortiert, denn jeder wissenschaftliche Artname enthält als erste, großgeschriebene Komponente den Gattungsnamen. So finden Sie die gesuchten Frösche am ein-

fachsten und können sich gleich einen Überblick über die ganze Gattung machen, deren Haltungsansprüche oft recht ähnlich sind. Getrennt werden aquatische Froschlurche und heimische Arten im Anschluß an diesen Artteil besprochen. Allgemeine Bemerkungen und Pflegehinweise finden Sie im allgemeinen Teil. Der Artteil gibt Ihnen darüber hinaus detaillierte Informationen zu der speziellen Haltung, den besonderen Ansprüchen

und der Vermehrung der gesuchten Art.

Ich sträube mich davor, heikle Arten dem „erfahrenen Pfleger" und vermeindlich anspruchslose Arten dem „Anfänger" zu empfehlen. Ich denke, daß Sie bei der Auswahl Ihrer Art rein nach Ihrer Leidenschaft, Ihrem Interesse und der Ihnen persönlich zur Verfügung stehenden Zeit und Räumlichkeit gehen sollten. Ich werde auf problematische und heikle Arten ebenso hinweisen, wie auf robuste und widerstandsfähige. Generell kann ich sagen, daß eine robuste Art kleine Haltungsfehler verzeiht und sich erste Erfolgserlebnisse auch bei der Vermehrung schneller einstellen. Es kann für einen Pfleger schon sehr frustrierend sein, wenn er immer wieder unerklärliche Todesfälle in seinem Tierbestand zu beklagen hat oder einfach keine Paarung auslösen kann. Hier sollten Sie entscheiden, was für Sie bei Ihrem ersten Frosch im Vordergrund stehen soll.

Gattung *Agalychnis*

Der bekannteste Vertreter dieser Gattung ist zugleich auch der namensgebende, der Rotaugenlaubfrosch, *Agalychnis callidryas*. Die Bezeichnung dieser Gattung ist etwas verwirrend, denn bei weitem nicht alle *Agalychnis*-Arten besitzen rote Augen und es existieren *Hyla*-Arten, die ebenfalls eine rote Augenfärbung besitzen. Eine Unterschei-

Nicht alle Frösche eignen sich für die Haltung im Zimmerterrarium, wie dieser Goliathfrosch, *Conraua goliath*, der mit gut 30 cm Länge und einer agilen Lebensweise höchsten etwas für den Gartenteich wäre.

dung ist leicht anhand der senkrechten Pupillen der *Agalychnis*-Arten möglich. Die Hyliden erkennen Sie an der horizontalen Ausrichtung der Pupille. Rotaugenlaubfrösche sind Baumbewohner in Zentralamerika und bilden die Mehrheit der dort vorkommenden Laubfrösche. Ihre Färbung ist auf dem Rücken meist leuchtend grün und die Schenkel sind oft bunt gefärbt. Sie besitzen verhältnismäßig große Augen, was als Anpassung an ihre nachtaktive Lebensweise zu verstehen ist. Sie sind tatsächlich tagsüber kaum zu sehen, da sie das Licht meiden und frühestens in der Dämmerung aktiv werden. Erst da bekommen Sie auch die schöne Zeichnung der Flanken und Schenkel zu sehen. Dennoch muß bei diesen Fröschen eine Beleuchtung sowohl zur Wahrung der Photoperiode, als auch zum Wohl der Planzen installiert werden.

Das Terrarium muß höher als breit sein und ein Mindestmaß von 50x50x80 cm besitzen. Ein großer, mindestens 15 cm

tiefer Wasserteil ist für erfolgreiche Fortpflanzungsversuche ein Muß. Der Wasserteil kann den ganzen Boden bedecken und sollte beheizt werden. Verschiedene Blattpflanzen, vor allem Philodendronarten, können Sie auf Steinen im Wasserteil plazieren. Die Tiere brauchen Temperaturen zwi-

Auch wenn er nicht zu den häufigsten Pfleglingen gehört, so ist der Rotaugenlaubfrosch, A. callidryas, doch sicher äußerlich einer der spektakulärsten Frösche. Seine Schönheit bleibt aber meist im Verborgenen, denn dieser Frosch ist nachtaktiv und zieht sich am Tag gerne an versteckte Orte zurück. Foto: Kahl

schen 20 °C nachts und 26 °C tagsüber. Eine Ruhepause stellt den Anfang einer erfolgreichen Einleitung der Paarung dar. Während dieser Ruhe werden die Tiere bei 20 °C gehalten und die relative Luftfeuchtigkeit darf 60 Prozent nicht übersteigen. In der nachfolgenden Paarungszeit erhöhen Sie die Temperatur auf 24 ° bis 26 °C und die Luftfeuchtigkeit sollte dann konstant zwischen 90 und 100 Prozent liegen, so daß die Männchen schon nach kurzer Zeit zu quaken beginnen. Achten Sie gerade bei dieser hohen Luftfeuchtigkeit auf eine einwandfreie Belüftung des Terrariums und unterbinden Sie jegliche Staunässe im Bodensubstrat. Paarungswillige Weibchen suchen die Männchen auf, die die Weibchen dann im Amplexus halten. Die gallertigen Gelege werden an Pflanzenteilen, die überhalb des Wasserteils liegen, befestigt. Ich rate Ihnen, diese Gelege aus dem Terrarium zu entfernen und getrennt aufzubewahren. Die Larven schlüpfen nach 10 Tagen und nach weiteren zwei Monaten ist bei einer Wassertemperatur von 24 °C die Metamorphose abgeschlossen.

Sowohl die adulten Tiere, als auch die Jungfrösche sind sehr träge in ihrer Fortbewegung und im Nahrungsfang. Die Tiere benötigen ihrem Verhalten entsprechend nachtaktives Futter, beispielsweise Falter und Motten, aber auch Fliegen und Grillen werden gern genommen.

Agalychnis callidryas

Dies ist zweifelsfrei der bekannteste und am häufigsten gepflegte aller Rotaugenlaubfrösche, die vom Süden Mexikos bis hin nach Panama vorkommen. Die Männchen erreichen eine Größe von gut 5 cm und sind damit deutlich kleiner als die gut 7 cm großen Weibchen. Die Tiere sind auf dem Rücken grün gefärbt, zeigen blaue bis braune Schenkelinnenseiten und dunkle bis bläuliche Flanken, die gelb bis weiß genetzt sind. Die Finger und Zehen sind orange bis rot gefärbt, ebenso die verzaubernden, wunderschönen Augen.

Die Art wird schon längere Zeit erfolgreich vermehrt und ist im Handel erhältlich. Eine ausreichende Quarantäne von Wildfängen und sofortige Behandlung bei Erkrankung ist notwendig. Die Frösche sind in der Haltung nicht einfach, nehmen sie doch nicht jedes Futter an und sind sehr krankheitsanfällig.

Die Vermehrung erfolgt, wie bei der Gattung beschrieben. Achten Sie sehr genau auf Pilzinfektionen und füttern Sie den filtrierenden Larven anfangs nur feinstes Pulverfutter. Die Gelege sind mit 20 bis 70 Eiern nicht übermäßig groß und können in einem kleineren Aquarium großgezogen werden.

Gattung Bombina

Die Gattung Bombina besitzt mit ihren Vertretern in Europa und Ostasien in meinen Augen einige der „lustigsten" Terrarientiere. Die Unken sind tagaktiv und sehr lebendig. Die warzige Oberseite ist leuchtend grün bis graubraun gefärbt, mit mehr oder weniger zahlreichen schwarzen Flecken. Je nach Art zeigt die glatte Unterseite eine gelbe bis rote Färbung mit unterschiedlich vielen schwarzen Flecken. Die Unken halten sich die meiste Zeit im Wasser auf, so daß ein Aquaterrarium mit großem Wasserteil die richtige Wahl ist. Die Grundfläche muß mindestens 80x50 cm betragen, wobei der Wasserteil stellenweise bis 20 cm tief sein sollte, mit einem Uferbereich zum Verweilen. Die Tiere können bei Raumtemperatur gehalten werden, wobei eine Winterruhe bei 6° bis 8°C als Fortpflanzungsauslöser notwendig ist. Die Tiere legen Laichballen mit ungefähr 100 Eiern ab, die in ein Aufzuchtaquarium überführt werden sollten. Zur Aufzucht der nach einer Woche

schlüpfenden Larven eignen sich Trockenfutter und später auch *Tubifex* oder kleine Wasserflöhe. Nach vier bis sechs Wochen verlassen die jungen Unken das Wasser und können mit Taufliegen und Grillen gefüttert werden.

Bombina orientalis

Die bis 6 cm langen Chinesischen Feuerbauchunken kommen aus Asien und sind sehr agil. Für diese Art kann ich sogar den Hinweis „pflegeleicht" vertreten. Sie können die Tiere, die eine warzige, grüne Oberseite mit schwarzen Flecken und eine glatte, rote Unterseite mit schwarzer Musterung besit-

Eines der unverkennbaren Merkmale aller Unken ist die herzförmige Pupille, die bei dieser Chinesischen Rotbauchunke, *B. orientalis*, besonders gut zu erkennen ist. Unken sind sehr agil und robust in der Haltung. Die Vermehrung ist meist problemlos.
Foto: Bartlett

zuchten fehlende Intensität der roten Bauchfarbe auszugleichen, verfüttern Sie am besten Futtertiere, die ihrerseits Nahrung mit Carotinen gefressen haben. Füttern Sie also Ihre Grillen mit rotem Paprika oder Karotten, an Jungunken können Sie auch Blattläuse verfüttern, die an rotem Gemüse gesaugt haben.

Männliche Unken können Sie im adulten Stadium leicht an der stärkeren Warzenbildung auch auf den Extremitäten erkennen. Die Weibchen wirken insgesamt glatter und zeigen keine schwarzen Warzenenden.
Foto: Rogner

zen, bei leicht erhöhter Raumtemperatur halten. Ein gräumiges Aquaterrarium wie eingangs beschrieben sollte einen dicht bepflanzten Wasserteil besitzen, in dem sich die Unken größtenteils aufhalten. Der Geschlechterunterschied ist bei erwachsenen Tieren relativ deutlich. Hier zeigen die Männchen mehr Warzen auf der Oberseite und Schenkeln, wobei die Warzen noch mit einem kleinen schwarzen Punkt enden. Bei der Paarung umklammern die Männchen die Weibchen in der Hüftgegend. Meine Tiere vermehrten sich nach einer kurzen Ruhepause bei 10 °C problemlos. Die Aufzucht der Larven und jungen Unken kann wie beschrieben erfolgen. Die Metamorphose erfolgt nach 40 Tagen und Sie können sofort mit kleinen Grillen und Taufliegen füttern. Um die den Nach-

Gattung *Bufo*

Die typische Kröte besitzt eine trockene, warzige Haut und ist von einem stabilen Körperbau. Die Beine sind recht kurz und die Fortbewegung mehr laufend als springend. Am Kopf tragen die meisten Kröten auffällig große Parotoiddrüsen hinter dem Trommelfell, die bei manchen Arten bei Gefahr eine giftige Substanz verspritzen können. Die Echten Kröten besiedeln nahezu den gesamten Globus mit Ausname einiger Inseln wie zum Beispiel Madagaskar und Neuseeland.
Als Terrarientiere sind sie äußerst robust und scheinen in vielen Fällen eine Beziehung zu ihrem Pfleger aufbauen zu können. Sie haben oft schon nach kurzer Zeit keine Scheu mehr vor der menschlichen Hand. So unproblematisch aber

die Haltung ist, so unmöglich scheint bei den meisten Arten eine Vermehrung im Terrarium. Die meisten Kröten sind sogenannte Traditionslaicher, besuchen also zum Ablaichen immer die gleichen Gewässer, in denen sie

Mengen an Fäkalien müssen aus dem Wasserteil schnell entfernt werden und auch das Bodensubstrat sollte zumindest an den Stammplätzen häufiger teilerneuert werden.
Neben der heimischen Erdkröte, *Bufo*

Die Unterschiede der Geschlechter werden auch bei den Kröten im adulten Stadium am deutlichsten sichtbar. Die Männchen sind kleiner und zeigen zur Paarungszeit Brunftschwielen an den Daumen. Im Bild ein Paar der Aga-Kröte, *B. marinus.*

selbst schon geschlüpft sind. Sie legen ihren Laich in meterlangen Schnüren ab, wobei mehrere tausend bis zehntausend Eier keine Seltenheit sind.
Die Einrichtung und Größe des Terrariums hängen sehr von der entsprechenden Art ab und werden bei den einzelnen Arten besprochen. Gerade die robustere Haut und die bescheidenen Ansprüche an Temperatur und Luftfeuchtigkeit machen die Kröten zu dankbaren Pfleglingen, die von den gewöhnlichen Krankheiten weitestgehend verschont bleiben, wenn Sie die notwendige Hygienemaßnahmen beachten. Die teilweise erheblichen

bufo, ist sicher auch die Aga-Kröte, *Bufo marinus,* mit ihrer stattlichen Größe von oft über 20 cm eine Berühmtheit unter den Kröten. Viele verschiedene Arten sind in den letzten Jahren in den Handel gekommen, konnten aber selten nachgezogen werden und verschwanden dann wieder. Ich beschränke mich deshalb auf die Arten, die ich selbst gepflegt habe, oder die häufiger im Handel angeboten wurden.

Bufo blombergi
Die Kolumbianische Riesenkröte ist von wahrhaft stattlicher Größe und erreicht

Körperlängen bis zu 25 cm. Sie ist sehr ansprechend gezeichnet mit ihrer hellbraunen, verhältnismäßig glatten Oberfläche und den kontrastierenden, dunklen Seiten.

Die Tiere benötigen ein sehr geräumiges Terrarium mit einer Länge von mindesten 1,2 m, das zur Vermehrung mindestens zur Hälfte als 15 cm tiefes Wasserteil konzipert sein sollte. Sowohl Landteil als auch Wasserteil sollten möglichst einfach zu reinigen sein, es empfiehlt sich eine Abflußvorrichtung. Diese Kröten benötigen ein sehr feuchtes Biotop mit einer Luftfeuchtigkeit über 80 Prozent. Die Temperaturen für Luft- und Wasser müssen bei 24 °C liegen. Als Futter eignen sich kleine Wirbeltiere, aber auch große Grillen und Tauwürmer werden gern genommen. Gelegentlich können Sie den „verfressenen" Tieren auch frisches, unbedingt sehr mageres Fleisch von Hand füttern. Eine Regel für die Fütterung liegt bei einer heranwachsenden Maus alle zwei bis drei Wochen bei ausgewachsenen Kröten. Jüngere Tiere füttern Sie entsprechend häufiger und vergessen nicht, die Futtertiere regelmäßig mit einem Vitamin-Mineralstoff-Präparat einzustäuben.

Die Vermehrung ist schon mehrfach gelungen, allerdings muß das Terrarium sehr groß sein und Sie sollten sich bei den Reproduktionsversuchen darüber im Klaren sein, daß die Kröten Laichschnüre mit mehreren 10.000 Eiern ablegen können. Die Aufzucht solcher Mengen ist im privaten Haushalt kaum möglich, auch wenn bei weitem nicht alle befruchteten Eier auch zu Jungfröschen werden. Sollten Sie sich dennoch zur Vermehrung entschließen, können Sie mit der Metamorphose schon nach

In ihrer Zeichnung ist die Aga-Kröte, *B. marinus,* variabel und zeigt auch eine unterschiedlich starke Warzenbildung. Im Bild ein helles Exemplar.

ungefähr 40 Tagen rechnen und die Jungkröten mit Taufliegen und kleinen Grillen füttern.

Bufo marinus

Auch die Aga-Kröte erreicht eine Körperlänge über 20 cm, kann aber auch deutlich kleiner bleiben. Ihr natürliches Verbretungsgebiet ist Mittelamerika und reicht jeweils in die angrenzenden Gebiete Süd- und Nordamerikas hinein. In ihrer Gestalt und Färbung gleicht sie unserer einheimischen Erdkröte, *Bufo bufo,* zeigt aber deutlich stärkere Parotoiddrüsen. Aus denen kann sie ein recht wirsames Gift ausspritzen, was bei meinen Agas in der täglichen Handhabung aber nie geschah. Als Schädlingsbekämpfer wurde diese robuste und anpassungsfähige Kröte schon bis nach Australien exportiert, wo sie bald nicht nur die vermeindlichen Schädlinge, sondern auch die heimische Fauna stark zu dezimieren begann. Das Terrarium sollte sehr groß sein und mindestens 1,2 m in der Länge betragen. Die Aga-Kröten sind sehr tolerant gegen Temperaturschwankungen, sollten aber bei 22 ° bis 24 ° mit einer leichten Absenkung zur Nacht gehalten werden. Das Bodensubstrat muß feucht aber nicht naß sein, die Luftfeuchtigkeit kann durch gelegentliches Sprühen leicht erhöht werden. Ein großer Wasserteil darf nicht fehlen, auch wenn die Haut dieser Kröten sehr robust wirkt, werden Sie schnell feststellen, daß sie das Wasser lieben und sich dort gerne aufhalten. Eine häufige Reinigung gerade des Wasserteils ist wegen der großen Kot- und Urinmengen ein Muß. Ein Wasserteil mit Ablauf auch hier die ideale Lösung.

Die Nachzucht von *Bufo marinus* gelingt im Gartenteich und Sie können mit bis zu 20.000 Eiern in langen Laichschnüren rechnen. Männliche Tiere erkennen Sie an den großen Brunftschwielen an den Daumen und an einer dunkler gefärbten Kehle. Nach dem Schlupf der Larven sollten Sie

Typisches Merkmal der Schwarznarbenkröte, *B. melanosticus,* sind ihre Warzen mit den schwarzen Endpunkten. Die Grundfärbung reicht von gelb über rot bis braun. Foto: Ulber

auch im Teich zusätzliches Futter beschaffen und ein enges Gitter um den Teich anbringen, um ein Entwischen der metamorphierten Jungkröten zu verhindern.

Bufo melanostictus

Die 10 cm lange Schwarznarbenkröte ist in den tropischen Regionen Südostasiens beheimatet. Ihre einheitliche Grundfärbung reicht von einem sehr hellen Braun bis zu Rot und zeigt typische Warzen, die am Ende schwarz gefärbt sind. Da diese häufig sehr klein und dicht beieinander stehen, bekommt man schnell den Eindruck einer schwarzen Narbe, daher der Name. Das Terrarium muß nicht so groß sein, wie bei den zuvor beschriebenen Arten, jedoch rate ich Ihnen zu einer Grundfläche von mindestens 80x40 cm. Die Kröten besiedeln in ihrer Heimat die unterschiedlichsten Gegenden und es ist schwierig, genaue Haltungs- und Pflegehinweise zu geben. Sicher benötigen sie eine relativ hohe Luftfeuchtigkeit, die Temperaturansprüche richten sich aber nach dem Herkunftsgebiet, das Sie bei Ihrem Händler unbedingt erfragen sollten. Über erfolgreiche Nachzuchten ist mir nichts bekannt.

Beim Futter ist diese Art - wie die meisten Kröten - nicht wählerisch und Sie können ihnen die gesamte Palette anbieten.

Bufo woodhousi

Hierbei handelt es sich um eine der bekanntesten Kröten aus Nordamerika, die in den gesamten USA verbreitet ist. Mit einer Länge von 10 cm gehört sie zu den mittelgroßen Kröten. Im Aussehen ähnelt Sie etwas unserer heimischen Wechselkröte, *Bufo viridis*, jedoch sind die grünen Flecken nicht so scharf abgegrenzt und sie wirkt allgemein etwas gedrungener. Die Unterart *Bufo woodhousi fowleri* zeigt einen deutlich hellen Streifen auf dem Rücken. Manchmal zeigen sich kleine, rote Punkte an den Körperseiten und Beinen.

Das Terrarium kann mittelgroß sein, mit einer Seitenlänge von 70 bis 80 cm. Die Kröten können bei Raumtemperatur gehalten werden und begnügen sich mit einem kleineren Wasserteil. Mir liegen keine Berichte über erfolgreiche Nachzuchten im Terrarium vor.

Andere nordamerikanische Arten können Sie gleich halten, dazu gehören *B. cognatus*, *B. hemiophrys* und *B. debilis*.

Gattung *Ceratophrys*

Der erste beschriebene Hornfrosch war der Brasilianische Hornfrosch, *Ceratophrys aurita,* dessen Weibchen die stattliche Größe von über 20 cm erreichen können. Heutzutage sind die Arten *Ceratophrys ornata* und *Ceratophrys cranwelli*, die beide als Schmuckhornfrosch angeboten werden, häufig auch als Nachzuchten im Handel. Hornfrösche besitzen einen massiven und überaus großen Kopf, der gerade bei Jungtieren die Hälfte des Körpers ausmacht. Die Frösche scheinen dann fast nur aus einem riesigen Schlund zu bestehen und fressen alles, was sie irgendwie erwischen, nicht zuletzt die Hand des Pflegers. Die Frösche können überraschend stark zubeißen. Außer bei der Nahrungsaufnahme sind die Tiere allerdings nicht sehr aktiv und liegen die meiste Zeit bis zu den Augen vergraben an der gleichen Stelle im Terrarium. Dies ist sehr schade, da es sich gerade bei den Schmuckhornfröschen um farblich sehr schöne Tiere handelt.

Die in den USA sehr bekannte *Bufo woodhousi woodhousi* mit ihrer recht gedrungenen Gestalt und den großen Ohrdrüsen.

Der Schmuck-hornfrosch, *C. ornata*, gehört in seiner Gewichtsklasse zu den farbenprächtigsten Fröschen, die Sie pflegen können. Meist werden Sie nur seine Augen erspähen können, dieser Frosch gräbt gerne.

Das Terrarium sollte nicht zu klein sein, Sie benötigen aber trotz der Körpergröße auch keinen großen Behälter, da die Tiere keinen großen Aktionsradius haben. Eine Grundfläche von 50x50 cm genügt völlig. Das Bodensubstrat sollte wie bei allen grabenden Arten locker und ständig feucht aber nicht naß sein. Eine Bepflanzung bietet sich als Lichtschutz und zur schöneren Betrachtung an, ich habe aber immer auf Kunstpflanzen zurückgegriffen, da die Frösche stark buddeln und die Wurzeln schnell zerstören. Bei einer Luftfeuchtigkeit von 80 Prozent und einer Temperatur von 27 °C mit leichter Nachtabsenkung fühlen sich diese Frösche am wohlsten und benötigen dann außerhalb der Paarungszeit nur ein kleines Wasserbecken in Form eines Blumenuntersetzers.

Als Futter akzeptieren sie wirklich alles, was sie vor ihr Maul bekommen und überwältigen können. Füttern Sie adulte Tiere alle zwei bis vier Wochen eine befellte, aber noch nicht erwachsene Maus. Heranwachsende Tiere füttern Sie alle zwei bis drei Tage mit einer nestjungen Maus oder wahlweise mit mehreren Grillen. Junge Hornfrösche (2 bis 3 cm lang) füttern Sie täglich mit mit-

telgroßen Grillen. Alle Futtertiere müssen Sie unbedingt mit einem Mineralstoff-Vitamin-Präparat einstäuben.

Die Nachzucht von Hornfröschen ist nicht einfach aber sowohl bei *C. ornata*, als auch bei *C. cranwelli* schon gelungen. Eine Winterruhe ist hierbei unerläßlich. Sie müssen die Frösche hierzu einzeln in kleine Behälter mit viel Bodensubstrat geben, in das sich die Frösche komplett eingraben. Reduzieren Sie nun langsam die Temperatur auf 15 °C und lassen das Substrat austrocknen. Die Frösche schützen sich selbst durch eine dünne Hautabsonderung und überstehen so diese zweimonatige Trockenzeit. Nun erhöhen Sie die Temperatur langsam auf 27 °C und simulieren ausgiebige Regenfälle in einem großen Terrarium. Leider sind die Tiere oft nicht verträglich, dies ist das Risiko der Nachzuchtversuche. Der

Wasserteil sollte großflächig und maximal 3 cm tief sein, da die Frösche nicht besonders gut schwimmen können. Hat das Männchen das Weibchen im Amplexus, legt dieses schon bald an die 500 Eier ab. Die gefräßigen und kannibalistischen Larven schlüpfen schon nach wenigen Tagen und sollten nach Größe separiert werden. Als Futter werden große *Tubifex* und Mückenlarven genommen, genauso wie kleingeschnittene Leber. Durch die vielen Fütterungen und den hohen Stoffwechsel ist das Aufzuchtbecken schnell verschmutzt und muß täglich teilerneuert werden. Die Wannenmethode zur Aufzucht kann sehr hilfreich sein. Die Metamorphose findet schon nach drei Wochen statt. Die Jungfrösche tun sich beim Landgang sehr schwer und Sie müssen für flache Übergänge sorgen, sonst ertrinken sie. Der Hunger und Kannibalismus hören auch jetzt nicht auf. Die Jungfrösche müssen deshalb in kleinsten Gruppen gleichgroßer Tiere aufgezogen werden.

Ceratophrys ornata und *Ceratophrys cranwelli*

Ihr Verbreitungsgebiet liegt in Südamerika, vor allem in Brasilien und Argentinien. Die Schmuckhornfrösche erreichen eine Größe von 10 bis 15 cm, wobei die Weibchen meist größer sind als die Männchen. *C. ornata* zeigt eine grüne Grundfärbung mit großen fast immer schwarzen Flecken und roten Punkten, wohingegen *C. cranwelli* eine beige Grundfarbe mit olivgrünen Flecken zeigt. Über den Augen liegen die namensgebenden Hörner als Auswüchse der Augenlider. Die Haltung und Vermehrung ist im Gattungsteil besprochen. Die Frösche sind, handelt es sich nicht um verwurmte oder sonstig geschwächte Wildfänge, robust und einfach in Pflege.

Gattung *Dendrobates*

Mit ungefähr 25 Arten ist diese Gattung nur die drittgrößte in der Familie der Dendrobatidae, aber sicherlich die im Terrarium am häufigsten gepflegte. Die Zugehörigkeit zu den Giftfröschen täuscht etwas über ihre tatsächliche Giftigkeit hinweg, denn die giftigsten und somit für den Menschen überhaupt gefährlichen Arten gehören der Gattung *Phyllobates* an. In der Umbenennung einer Familie tun sich die Systematiker allgemein etwas schwer und so werden auch nach wie vor Namen diskutiert, die ebenfalls nicht den Charakter der Gruppe wiederspiegeln, wie etwa Baumsteiger oder einfach Giftfrösche.

Die Dendrobaten sind kleine Frösche mit einer Körperlänge von 2 bis 5 cm. Das auffälligste Merkmal, das sie von anderen Dendrobatiden unterscheidet, sind die verbreiterten Fingerspitzen, die zwei kleine Knorpel auf der Oberseite zeigen. Der erste Finger ist immer kürzer als der zweite. Seitliche Streifen zwischen den Voder- und Hinterbeinen fehlen. Ihr Verbreitungsgebiet liegt in den

Urwäldern Südamerikas, wo sie in den unteren Baumetagen oder auch direkt auf dem Boden leben. Die Männchen bilden und verteidigen für diese kleinen Frösche recht große Reviere von mehreren Quadratmetern, die sie gegen Eindringlinge der gleichen oder einer anderen Froschart auch vehement verteidigen. Überhaupt gibt es viele außerordentlich streitlustige Arten.

Das Terrarium sollte dicht bepflanzt sein und den Fröschen die Möglichkeit geben, sich vollständig zurückzuziehen. Dies ist bei der Farbenpracht dieser Tiere sicher ein Wermutstropfen, aber Dendrobaten sind tagaktiv und Sie sollten Ihre Tiere schon häufig genug zu sehen bekommen. Trotz der geringen Größe der einzelnen Tiere brauchen Sie ein großes Terrarium, gerade wenn Sie mehrere Pärchen zusammen halten wollen. Sonst kann es zu andauernden Revierkämpfen kommen. Da die Frösche in der Natur typischerweise große Bromelientrichter zur Aufzucht der Brut besuchen, sind gerade großtrichtige Pflanzenarten im Terrarium erforderlich. Ebenso müssen Sie zur Zucht kleine Höhlen bereitstellen, in die die Weibchen ihre Eier ablegen können. Geeignet hierfür sind Tonblumentöpfe oder Kokosnußschalen, die Sie auf einen Blumenuntersetzer stellen können, in dem sich ein glattes Laubblatt befindet, auf das die Eier gelegt werden. Die Paarung lösen Sie mit einer Erhöhung der Luftfeuchtigkeit auf über 90 Prozent aus,

woraufhin die Männchen anfangen zu quaken. Die Paare zeigen keinen Amplexus, das Männchen kennt den Ablageplatz der Eier und befruchtet diese teilweise erst einige Zeit nachdem sie gelegt wurden. Beachten Sie dies unbedingt, wenn Sie die Eier zur weiteren Aufzucht aus dem Terrarium nehmen wollen. Oftmals ist das Brutpflegeverhalten der Frösche im Terrarium gestört und die Eltern, vornehmlich die Männchen, kümmern sich nicht ausreichend um die Gelege. Sollten Sie dies bemerken oder eine Aufzucht generell lieber selbst in die Hand nehmen, entfernen Sie das Gelege nach der Befruchtung und stellen es in einen warmen Aufzuchtbehälter bei 27 °C Luft- und Wassertemperatur und hoher Luftfeuchtigkeit. Bewässern Sie das Gelege gelegentlich und achten Sie darauf, daß die ausschlüpfenden Larven in ein kleines Aufzuchtbecken umgesetzt werden, das die gleiche Temperatur haben sollte. Die Gelege der Dendrobaten sind in der Regel sehr klein und bestehen meist nur aus 2 bis 10 Eiern. Die Larven sollten Sie getrennt in kleinen Fischaufzuchtinseln oder 1/4 bis 1/2 Liter großen, mit Löchern versehenen Joghurtbechern aufziehen, die Sie in ein Aquarium hängen. Als Futter nehmen die carnivoren Kaulquappen zerkleinerte Mückenlarven oder zerschnittenes *Tubifex*, das später in der Entwicklung auch im Ganzen gegeben werden kann. Auch kleinere ertrunkene Insekten können Sie jetzt füttern. Unter den angegebenen Bedingungen entwickeln sich die Larven innerhalb von drei bis vier Monaten zu kleinen Fröschen und müssen dann mit kleinsten Insekten und Würmern gefüttert werden. Häufig müssen Sie dabei auf Springschwänze oder kleinste Enchyträen zurückgreifen, da Taufliegen und selbst kleinste Grillen noch zu groß sind. Ist Ihnen die Aufzucht aber erst einmal gelungen, können Sie sich bis zu zehn Jahre an Ihren Nachzuchten erfreuen, denn so alt werden diese kleinen Frösche im Terrarium. Sowohl die Jungtiere als auch die adulten Frösche sind keine besonders guten und erfolgreichen Jäger. Die Futtertiere sollten Sie am besten konzentriert darreichen, was Sie durch ein Stückchen Obst mit Taufliegen erreichen. Genauere Pflegehinweise entnehmen Sie bitte den einzelnen Artbeschreibungen, die nur die drei häufigsten Terrarientiere berücksichtigten.

Der Goldbaumsteiger, D. auratus, zählt zu den unproblematischen Pfleglingen unter den Pfeilgiftfröschen. Sie können regelmäßig widerstandsfähige Nachzuchten über den Handel beziehen und die Frösche auch selbst leicht züchten.

Dendrobates auratus

Das Verbreitungsgebiet des Goldbaumsteigers, der mit 3 bis 5 cm Körperlänge recht groß wird, erstreckt sich von Nicaragua über Panama bis nach Kolumbien. Erkundigen Sie sich bei Ihrem Händler nach der Herkunft der Tiere, denn hiernach richtet sich auch die beste Haltungstemperatur. Die Zeichnung ist grün mit schwarzer Musterung, jedoch kann die Grundfarbe manchmal auch blau sein. Männchen besitzen eine kehlständige Schallblase, die auch im Ruhezustand gut als Hautfalte zu erkennen ist. Im Handel befinden sich viele Nachzuchten dieses unproblematischen Froschs. Der Goldbaumsteiger paßt sich anscheinend hervorragend an ein Leben im Terrarium an und ist in der Haltung auch wegen seiner Größe und einfachen

Ernährung mit Grillen und (Tau-) Fliegen erfreulich unkompliziert. Sie können Zuchtgruppen mit mehreren Tieren einrichten, sollten dann aber auch ein entsprechend großes Terrarium mit mindestens 80 cm Seitenlänge anbieten.

Die Vermehrung gelingt bei gesunden Tieren leicht. Das Weibchen legt in der Laichhöhle meist bis zu 10 Eier und das Männchen befruchtet diese später und übernimmt für die nächsten zwei Wochen die Bewässerung des Geleges. Die geschlüpften Larven transportiert es nun je nach Gelegegröße einzeln oder zu mehreren in kleine Wasseransammlungen, zumeist in Bromelientrichter. Sollten Sie sich für eine solche natürliche Aufzucht entschließen, sorgen Sie für eine häufige Durchspülung der Trichter, da sich sonst zuviel Fäkalien und Nahrungsreste darin ansammeln. Sie müssen feines Fischfutter und später *Tubifex* oder Mückenlarven dazu füttern. Nach spätestens 100 Tagen sollte die Metamorphose abgeschlossen sein und die Tiere sehen dann schon wie blasse Kopien ihrer Eltern aus. Nach einem Monat erreichen sie deren Farbenpracht und nach einem Jahr sind die Tiere im Terrarium dann geschlechtsreif.

Der Gelbgebänderte Pfeilgiftfrosch, D. leucomelas, ist ein recht unkomplizierter Frosch, der oft erfolgreich vermehrt wurde. Sein Körper ist für einen Dendrobatiden bemerkenswert gedrungen. Foto: Schmidt

Dendrobates leucomelas

Der Gelbgebänderte Pfeilgiftfrosch aus Südamerika mit einem Verbreitungsgebiet von Venezuela bis Brasilien wird

3 bis 4 cm lang und hat mit seiner gelben Bänderung auf schwarzem Grund eine außergewöhnlich schöne Zeichnung. Die drei gelben Bänder schließen mehrere schwarze Punkte ein und entwickeln sich erst bei den heranwachsenden Tieren. Die Jungtiere zeigen nur einige hellere Flecken auf dem dunklen Körper. Die Art ist trotz Einfuhrverbot und Dank vieler Nachzuchten häufiger im Handel anzutreffen. Die Nachzuchten bereiten keine größeren Probleme.

Die Haltung ist etwas schwieriger, als bei den anderen bisher aufgeführten Arten. Das Terrarium sollte die typischen Charakteristika eines Dendrobatenbehälters aufweisen, die Luftfeuchtigkeit muß hoch sein, die Temperaturen zwischen 25° und 28 °C mit einer leichten Nachtabsenkung liegen. Die etwas kleineren Männchen, die auch der geübte Pfleger meist erst erkennt, wenn sie anfangen zu quaken, leisten den Hauptteil der Brutpflege. Das Weibchen legt in einer Laichhöhle maximal zehn Eier ab, die vom Männchen befruchtet und bewässert werden. Bei intaktem Brutpflegeverhalten werden die Larven dann nach etwa drei Wochen - so lange dauert hier der Schlupf - vom Männchen in ein kleines Gewässer transportiert. Bei der Aufzucht in einem separaten Becken können Sie diese Larven unbesorgt gemeinsam unterbringen und mit feingemahlenem Algenfutter aus der Aquaristik versorgen. Nach rund 70 Tagen verlassen die jungen Frösche das Wasser und müssen, genau wie die Eltern, mit relativ viel Futter versorgt werden, wobei Sie sofort mit Taufliegen füttern können.

Dendrobates tinctorius

Der Färberfrosch ist im Nordosten Südamerikas verbreitet und bei uns zu einem der häufigsten Dendrobaten im Terrarium geworden. Die Frösche werden teilweise erstaunlich groß, wobei es weibliche Individuen gibt, die eine Körperlänge von über 6 cm erreicht haben. Der mittlere Färberfrosch erreicht nicht selten eine Länge von 5 cm. Die Männchen bleiben etwas kleiner und besitzen etwas größere Scheiben an den Fingerenden. Die Farbgebung der einzelnen Frösche ist je nach Herkunft sehr variabel, grob verallgemeinert weisen sie einen schwarzen Körper auf, der von zwei gelben oder orangenen Bändern überzogen wird, die sich auf dem Kopf vereinen, den Rücken fast vollständig einfärben oder auch netzartig belegen. Die Gliedmaßen sind häufig blau gefärbt oder zeigen zumindest ein blaues Netz auf schwarzem Grund. Die Vermehrung ist einfach und verläuft analog zu Dendrobates auratus. Eine getrennte Aufzucht der kannibalistischen Larven ist ratsam. Sie sind hinsichtlich der Fütterung unkompliziert und erhalten zunächst zerriebenes Trockenfutter und später kleine Insektenlarven und Würmer.

Gattung Epipedobates

Die Angehörigen dieser Gattung, die ebenfalls zu der Familie der Dendrobatidae gehört, lassen sich zumindest von den Dendrobaten durch einen ersten Finger unterscheiden, der min-

In seiner Zeichnung ist der Färberfrosch, D. tinctorius, sehr variabel, Sie werden meist Exemplare sehen, die diesem auf dem Foto ähnlich sehen.

desten so lang ist wie der zweite. Ihnen fehlen die verbreiterten Fingerenden und sie zeigen eine etwas andere Brutpflege, da sie Ihre Larven in kleineren Pfützen und nicht in Bromelien aufziehen und charakteristisch größere Gelege mit bis zu 30 Eiern haben. Am lebenden Frosch kaum erkennbar sind die häufig auftretenden kleinen Zähnchen. Die Nachzucht ist möglich und einige Arten werden häufiger im Handel angeboten. Regelmäßig konnte ich allerdings nur den Dreifarbigen Baumsteiger, *Epipedobates tricolor*, finden.

Epipedobates tricolor

Der Dreifarbige Baumsteiger ist ein recht kleiner Frosch und wird nicht größer als 3 cm. Sein Verbreitungsgebiet liegt in den Höhenlagen der westlichen Anden in Ecuador. Im Terrarium ist der Winzling erstaunlich ausdauernd und gut zu vermehren.

Das Terrarium sollte auch für diese kleinen Bewohner groß genug sein und gerade bei einem Besatz mit mehreren Tieren mindestens 60 bis 80 cm lang sein. Die optimalen Haltungstemperaturen liegen bei 25 °C mit einer Nachtabsenkung. Sie können den Tieren auch jahreszeitliche Ruhepausen gönnen, während Sie die Temperaturen zwischen 20 ° und 22 °C halten. Die Luftfeuchtigkeit wird zwi-

schen 70 und nahe 100 Prozent toleriert. Die Weibchen legen ihre Eier, oft über 20 Stück, in eine Laichhöhle, wo sie sofort vom Männchen befruchtet und die folgenden 10 bis 14 Tage bewacht und bewässert werden. Nach dem Schlupf transportiert das Männchen die Larven in Gruppen zu einem geeignetes Gewässer. Dort fressen sie

vor allem pflanzliche Nahrung und neigen nicht zum Kannibalismus. Zur Aufzucht füttern Sie feines Aquarienfutter und später zerkleinerte *Tubifex* oder andere zerkleinerten Würmer und Insektenlarven. Nach nur 40 Tagen sind die Larven bereit zur Metamorphose und müssen sofort mit Kleinstfutter (keine Taufliegen!) versorgt werden. Hierzu besorgen Sie am

Dreifarbige Baumsteiger *Epipedobates tricolor* sind zwar klein, jedoch trotzdem gut zu halten und zu vermehren. Ihre Gelege sind relativ groß.
Foto: Bechter

besten kleinste Würmer, Springschwänze und kleinstes Wiesenplankton. Häufig sind die jungen Frösche zu schwach, um zu überleben und zeigen typische „Streichholzbeinchen". Die Ursache hierfür ist noch nicht geklärt, da anscheinend gleiche Elterntiere unter identischen Bedingungen auch völlig gesunde Nachkommen zeugen. Da die Frösche sehr häufig Eier legen, fast alle zehn Tage, kann hier oder in einer doch zu einseitigen, nicht artgemäßen Aufzucht der Kaulquappen eine Erklärung liegen.

Gattung *Gastrotheca*

Die Beutelfrösche sind eine äußerst interessante Gattung, zeigen sie doch eine erstaunliche Brutpflege. Je nach Größe der Gelege, die sie in einer speziellen Tasche auf dem Rücken verstauen, entwickeln sich die Eier dort bis zum Larvenstadium, bei kleineren Gelegen sogar bis zum fertigen Frosch! Ihre Verwandschaft zu den Hyliden zeigt sich durch die aborbicole Lebensweise und die Haftscheiben an den Fingern. Eine Art wird häufiger im Handel angeboten.

Gastrotheca marsupiata

Die Rauhhäutigen Beutelfrösche mit ihrem Hauptverbreitungsgebiet in Peru werden bis zu 7 cm lang und zeigen sich in einer für Laubfrösche typischen Färbung von einem hellen braun bis hin zu einem leuchtenden grün. Die Frösche besitzen einen leicht warzigen Rücken, dessen einheitlicher Grundton durch mehr oder weniger auffällige Flecken unterbrochen wird.

Die Art ist sehr gut haltbar und wird als Nachzucht angeboten. Die Temperaturansprüche sind gering und die Tiere können während der kälteren Jahreszeit bei Raumtemperatur gehalten werden.

Der Beutelfrosch, *G. marsupiata*, trägt seine Eier bis zum Schlupf der Larven in einer Rückentasche immer bei sich.
Foto: Zimmermann

Im Sommer sollten Sie die Temperatur auf 25 °C erhöhen und eine Luftfeuchtigkeit von 80 % garantieren. Die Weibchen verstauen die 200 Eier in ihrer Rückentasche, aus der die vollentwickelten Larven nach gut einem Monat entlassen werden. Die Aufzucht ist nach der Wannenmethode unproblematisch. Die Tiere sind gute Kletterer und sollten beim Landgang nach etwa drei Monaten keine Probleme haben.

Gattung *Hyla*

Die Echten Laubfrösche sind vor allem in Südamerika mit einer enormen Artenvielfalt vertreten, bevölkern aber alle Kontinente mit Ausnahme der Trockengebiete Afrikas und der Polregionen. Die meisten Arten leben aboricol, besitzen als Anpassung Haftscheiben und benötigen ein Terrarium mit einer Grundfläche von mindestens 50x50 cm und einer Höhe ab 80 cm. Es ist eine Vielzahl der fast 300 Arten importiert und auch teilweise nachgezogen worden, doch sind nur die wenigsten Arten konsequent weiter vermehrt worden. Die Laichablage ist unterschiedlich, teilweise werden die Eier in Ballen im Wasser abgelegt, teilweise an Blätter geheftet oder in Erdkuhlen gelegt.

Hyla cinerea

Der Carolina- oder auch Amerikanische Laubfrosch ist meines Wissens nach die am häufigsten nachgezogene *Hyla*-Art, obwohl auch bei diesem Frosch eine Haltung im Freilandgehege oder Gewächshaus erst eine dauernde Nachzucht garantiert. Die Laubfrösche zeigen eine grüne bis braune Färbung mit zwei gelb-goldenen Linien, die sich über die Oberlippe an den Flanken bis zur Höhe, an der die Knie anliegen, ziehen.

Das Terrarium sollte laubfroschtypisch mit großblättrigen Pflanzen ausgestattet sein, der Wasserteil muß in der Paarungszeit möglichst den gesamten Boden ausfüllen und mindestens 10 cm tief sein. Eine Paarung kann durch eine etwa ein- bis zweimonatige Winterruhe bei 18° bis 20 °C aus-

gelöst werden. Danach muß die Temperatur wieder auf 25° bis 28 °C erhöht werden, die Luftfeuchtigkeit muß nun über 80 Prozent liegen. Die Tiere legen mehrere hundert Eier in Ballen ab. Die Larven sind nicht kannibalistisch und können in größeren Gruppen nach der Wannenmethode aufgezogen werden. Die Haltung der Art ist denkbar unkompliziert, die Nahrungspalette umfaßt alle Wirbellosen geeigneter Größe.

Gattung *Hyperolius*

Die Riedfrösche sind eine Gattung der Hyperoliidae. Sie besitzen eine große Artenvielfalt mit erstaunlich differenzierten Unterarten. Beheimatet ist diese Gattung im südlichen Afrika und umfaßt derzeit über 120 Arten.

Hyperolius marmoratus

Dieser unterartenreiche Frosch kann in seiner Färbung kaum beschrieben wer-

Der Amerikanische Laubfrosch, *H. cinerea*, ist einer der am häufigsten gepflegten Laubfroscharten, was nicht zuletzt an seiner einfachen Haltung liegen dürfte.

7 cm lang und ist ein ausgesprochener Grabfrosch. Fast jede Nacht durchwühlen die plump wirkenden Tiere das gesamte Terrarium, das eine mindesten 15 cm hohe Substratschicht aus unbedingt ungedüngter Erde mit eine Beimischung von Torfmull und möglichst Rindenschrot bestehen sollte. Das Substrat muß

Eine der zahlreichen Farb- und Zeichnungsvarianten des marmorierten Riedfroschs, *H. marmoratus*.

den, so unterschiedlich fällt diese bei den nur 3 bis 4 cm großen Riedfröschen aus. Das Terrarium sollte laubfroschtypisch sein und eine ausgedehnte Uferregion mit dichtem Bewuchs aufweisen. Nach simulierten Regenfällen, einer konstant hohen Luftfeuchtigkeit und Temperaturen über 25 °C beginnt die Eiablage. Die zahlenmäßig großen Gelege werden in kleinen Ansammlungen an Wasserpflanzen und anderen geeigneten Steinen und Wurzeln abgelegt. Die geschlüpften Larven sollte Sie herausschöpfen und nach der Wannenmethode aufziehen. Als Nahrung bevorzugen sie Algenkost.

Gattung *Kaloula*

Von den neun bekannten Arten dieser Gattung ist der in Südostasien und vor allem Malaysia weit verbreitete Indische Ochsenfrosch, *Kaloula pulchra,* wohl die bekannteste und am häufigsten gepflegte Art.

Kaloula pulchra
Der Indische Ochsenfrosch wird bis zu

ständig feucht aber nicht naß gehalten werden. Die Frösche benötigen zudem eine hohe Temperatur auch im Substrat (Unterbodenheizung!) von mindesten 27 °C. Um eine Paarung auszulösen, halten Sie die Tiere 4 bis 6 Wochen etwas trockner und kühler (22 °C) und stellen nur einen Blumenuntersetzer als Wassernapf bereit. Die Männchen erkennen Sie an der dunkel gefärbten, rauhen Kehle. Nach dieser Trockenzeit erhöhen Sie die Luftfeuchtigkeit und feuchten das Bodensubstrat durch simulierte Regenfälle an. Gleichzeitig bieten Sie einen großen, 5 bis 10 cm tiefen Wasserteil an, in den der Laich mit mehreren hundert Eiern in Klumpen gelegt wird, die sich in einer Rekordzeit von nur 14 Tagen zu fertigen Fröschen entwickeln. Die rasant schnelle Entwicklung erfordert eine hohe Menge an Futter, das aus Trockenfutter und kleinem und zerkleinertem *Tubifex* und Insektenlarven besteht. Die Jungfrösche können sofort mit Taufliegen und ähnlichem gefüttert werden.

Der Australische Korallenfingerfrosch, *L. caerulea,* scharrt eine ganze Fangemeinde begeisterter Terrarianer um sich und war auch für mich der Einstieg in die ernsthaftere Terraristik. Auf den nebenstehenden Fotos können Sie die verschiedenen Färbungen gut erkennen, ebenso auf der unteren Abbildung die stark verbreiterten Zehen mit den großen Haftscheiben, die den großen Fröschen an jeder Unterlage genügend Halt zum Klettern geben.

Gattung *Litoria*

Die Gattung der Australischen Laubfrösche beinhaltet sicher eines der bekanntesten Terrarientiere überhaupt, den Korallenfingerfrosch oder auch Whites Baumfrosch. Die Gattung ist auf Australien mit den dazugehörigen Inseln beschränkt. Es sind in der Gattung praktisch alle Formen vom typischen Laubfrosch bis zum typischen Grasfrosch vertreten. Die Nachzucht einiger Arten ist schon über Generationen gelungen.

Litoria caerulea
Der Korallenfingerfrosch scheint mit seinem ewigen, „verschmitzten" Grinsen immer etwas mehr zu wissen als wir und strahlt eine unglaubliche Ruhe und Gelassenheit aus. Die voluminösen Frösche erreichen eine Länge von über 10 cm, wirken aber oftmals wesentlich mächtiger. Ihre Färbung geht von einem satten grün (aus Australien) bis zu einem türkisgrün (Exemplare aus Neuguinea), bei der Vermehrung sollten Sie eine Ver-

mischung vermeiden. Eine blasse oder auch bräunlicher Farbe zeigt eine Krankheit oder falsche Haltungsbedingungen an.

Das Terrarium muß geräumig, mindesten 60x60x100 cm groß sein und stabile Blattpflanzen besitzen. Zur Paarungszeit sollte der Boden geflutet oder zumindest ein großer Wasserteil zur Verfügung stehen. Nach einer Trockenzeit mit Temperaturen von nur 22 °C können Sie auch bei diesem Frosch eine Paarung durch einsetzende Regenfälle, einen Temperaturanstieg auf 28 °C und eine Erhöhung des Futterangebotes über einige Wochen hinweg auslösen. Die Weibchen legen 100 bis 200 Eier in Ballen ab. Die Larven schlüpfen nach etwa drei Tagen und die Metamorphose ist nach sechs Wochen abgeschlossen. Die Larven sind nicht kannibalistisch und können nach der Wannenmethode aufgezogen werden. Die Art ist ausgesprochen gesellig und mehrere Tiere können zusammen gehalten werden. Es handelt sich um einen robusten Frosch, der unkompliziert in der Haltung ist und sich an den Menschen zu gewöhnen scheint. In gleicher Weise können Sie den Australischen Riesenlaubfrosch, *Litoria infrafrenata*, halten. Die Tiere werden in etwa so groß wie die Korallenfinger und sind nur wenig anfälliger in der Haltung und Fortpflanzung. Die Tiere neigen bei Überbesatz der Aufzuchten zum Kannibalismus.

Gattung *Mantella*

Die Gattung gehört erst seit den 90er Jahren in eine eigenständige Familie der Mantellidae und zeigt sehr farbenprächtige, kleine Frösche, die in ihrer Gestalt den Dendrobaten ähneln. Die Verbreitung dieser Buntfröschchen liegt in Madagaskar.

Mantella aurantiaca

Mit nur gut 2 cm Körperlänge ist das Madagaskar-Goldfröschchen ein richtiger Winzling, fällt aber durch sein leuchtendes Orange umso mehr auf. Die auf Madagaskar beheimateten Tiere brauchen ein Regenwaldterrarium mit dichter Bepflanzung und hohen Temperaturen bei 27 °C und nur leichter Nachtabsenkung. Eine Paarung können Sie mit einer kürzeren Trockenzeit einleiten, nach der Sie die

Temperatur wieder erhöhen. Entscheidend für den Fortpflanzungserfolg sind ausgiebige, nächtliche Regenfälle und eine für die Frösche möglichst ungestörte Umgebung. Die kleinen, schaumigen Gelege werden auf feuchtem Boden gebettet und die Larven schlängeln sich nach dem Schlupf in das nächste Gewässer. Die Frösche werden nur laichen, wenn sie absolut ungestört sind und geeignete Laichplätze vorfinden. Die Aufzucht der Larven sollte in einem separaten Becken erfolgen, wo kleinstes Trockenfutter gereicht wird. Die nur einen guten Zentimeter großen Jungfrösche sind extrem streßempfindlich und müssen mit kleinstem Futter versorgt werden (Springschwänze).

Gattung *Osteopilus*

Die nur drei Arten umfassende Gattung steht den Hyliden sehr nahe und ist nach wie vor in ihrer Daseinsberechtigung umstritten. Der Kubalaubfrosch wird häufig angeboten und ist ein interessanter Pflegling, dessen Verbreitungsgebiet Kuba war, aber vor allem nach Exporten in das südliche Florida auch dort Fuß gefaßt hat.

Osteopilus septentrionalis

Die Kubalaubfrösche benötigen geräumige, stabil bepflanzte Terrarien, die in den Abmessungen denen der großen *Litoria*-Arten entsprechen müssen. Die Art liebt es etwas wärmer bei 27 °C mit einer Nachtabsenkung um 5 °C. Eine

Das Madagaskar-Goldfröschchen, *M. aurantiaca*, benötigt zur Fortpflanzung ein Terrarium mit sehr feuchten Laichplätzen.

Paarung lösen Sie mittels einer kurzen, kühleren Periode ein, die durch simulierte Regenfälle und einen Temperaturanstieg beendet wird. Die großen Frösche (weibliche Tiere) erreichen bis zu 14 cm Körperlänge und legen weit über 1000 Eier in das Wasser ab, das nun den gesamten Boden bedecken sollte. Schon nach sechs Wochen gehen die Frösche an Land, die Larven ziehen Sie am besten mit der Wannenmethode auf. Sobald die Jungfrösche an Land sind, sollten Sie die kleineren Exemplare gesondert halten, um Kannibalismus vorzubeugen.

Gattung *Phyllobates*

Auch diese Gattung gehört zur Familie der Dendrobatiden, und Sie finden hier die eigentlichen Pfeilgiftfrösche. Ihre Verbreitung ist auf Mittel- und Südamerika beschränkt, wobei die einzelnen Arten, momentan gibt es nur fünf anerkannte, ein enges Verbreitungsgebiet besitzen. Von der Gestalt der Finger und Größe der Gelege stehen die Phyllobaten den Epipedobaten näher als den Dendrobaten. Die Frösche sind aber größer als ihre Verwandten, was sie zu pflegeleichten Terrarienbewohnern macht. Zu dieser Gattung gehört der giftigste aller bekannten Frösche, der Goldene oder auch Schreckliche Pfeilgiftfrosch, *Phyllobates terribilis*. Sein Gift kann bei unsachgemäßer Handhabung auch Menschen töten und wurde tatsächlich als Gift für Blasrohrpfeile verwendet.

Phyllobates terribilis

Der Goldene Pfeilgiftfrosch ist in seiner Verbreitung auf Kolumbien in den Gebieten der Quebrada Guangui beschränkt. Die Frösche werden bis zu

Der Schreckliche Pfeilgiftfroschs, *P. terribilis*. Die Männchen können Sie am einfachsten an der dunkler gefärbten Kehle erkennen.
Foto: A. Norman

5 cm lang und sind dementsprechend unproblematisch bei der Futterbeschaffung. Das Hautgift gerade von Wildfängen ist dermaßen giftig, daß der Kontakt mit ungeschützter Haut einen erwachsenen Menschen töten kann. Ein Gegengift ist bisher nicht bekannt. Seien Sie sich darüber bewußt, wenn Sie sich einen solchen Frosch zulegen. Berichten zufolge läßt die Giftigkeit im Terrarium im Laufe der Zeit nach und Nachzuchten sollen das Gift nicht mehr produzieren - im Einzelfall würde ich mich angesichts

der Folgen einer Fehleinschätzung nicht darauf verlassen.

Das Terrarium sollte in der für Angehörige dieser Familie typischen Weise ausgestattet und nicht zu dicht besetzt sein, da die Tiere Reviere bilden und auch verteidigen. Eine Terrarienlänge von 80 cm genügt für zwei Paare. Die Temperaturen müssen bei 28 °C sein und die Luftfeuchtigkeit konstant über 80 Prozent mit gelegentlichem Besprühen liegen. Die Weibchen legen ihre Eier in die schon von den Dendrobaten bekannten Laichhöhlen ab, die Stückzahlen variieren zwischen 10 und 25 pro Gelege. Das Männchen übernimmt die Bewachung und Bewässerung des Laichs und transportiert die Larven nach etwa 12 Tagen auf dem Rücken zu einer geeigneten Wasserstelle. Sie können die Eier auch aus dem Terrarium entnehmen und aufziehen. Die Larven sind verfressen, aber nicht kannibalistisch und können bis zur Metamorphose nach etwa acht Wochen mit Trokkenfutter und Algen versorgt werden. Die Jungfrösche sind schwarz mit zwei breiten, gelben Lateralstreifen, die sich im Laufe der Entwicklung so verbreitern, daß der gesam-

te Frosch in einem Gelbton erscheint. Die Geschlechtsreife tritt nach 12 bis 18 Monaten ein.

Phyllobates vittatus

Der Gestreifte Pfeilgiftfrosch ist mit nur gut 3 cm Körperlänge eher ein kleiner Phyllobate, nichts desto trotz läßt er sich ausgezeichnet halten und ist häufig im Terrarium anzutreffen. Die männlichen Frösche zeigen ein sehr aggressives Teritorialverhalten, weshalb nicht zu viele Exemplare zusammen gehalten werden dürfen. Die Tiere verletzen sich nicht gegenseitig, verursachen aber einen tödlichen Streß. Die Verbreitung dieses Pfeilgiftfroschs liegt in den Tälern Costa Ricas bis Panamas, wonach sich auch die Haltungstemperatur richtet. Da Costa Rica Importe sind mit 25 °C zufrieden, andere brauchen es etwa 3 °C wärmer. Die Färbung besteht aus zwei orangen Lateralstreifen auf schwarzem Grund, die rau-

Der gestreifte Pfeilgiftfrosch, *P. vittatus*, zeigt ein starkes Territorialverhalten. Auf dem Bild sehen Sie ein Pärchen dieses Froschs.

hen Gliedmaßen sind fein blau bis türkis gesprenkelt.

Die Zucht ist einfach und verläuft analog zu der von *P. terribilis*.

Gattung Pyxicephalus

Obwohl nur mit zwei Arten vertreten ist diese Gattung als Angehörige der Raniden doch von erheblicher terraristischer Bedeutung, auch der beliebte Südafrikanische Ochsenfrosch, *Pyxicephalus adspersus*, gehört hierzu.

Pyxicephalus adspersus
Die teilweise bis über 20 cm großen Frösche sind in Mittel- und Südafrika weit verbreitet. Hier sind ausnahms-

weise die Männchen größer als die Weibchen und an ihrer dunkleren Kehle zumindest als Alttiere, gut zu unterscheiden. Die Oberseite ist grün gefärbt und zeigt charakteristische Warzen und Längsfalten. Der Frosch wirkt massig und schaut etwas düster drein.

Die Terrarien müssen sehr geräumig und mit tiefem Bodensubstrat gefüllt sein. Die Temperaturen sollten über 22 °C liegen, eine kühlere Trockenzeit muß eingehalten werden. Die Vermehrung gelingt nach der Ruhephase nur in ausgesprochen großen Terrarien. Sie sollten sich über die Unterbringung und Aufzucht der bis zu 5000 Eier schon frühzeitig Gedanken machen, denn die Larven entwickeln sich innerhalb von nur zwei Wochen zu Jungfröschen. Die Tiere sind sehr kannibalistisch und sollten dann nach Größe separiert werden, wenn Sie größere Ausfälle vermeiden wollen.

Der Südafrikanische Ochsenfrosch, P. adspersus, kann stattliche Größen von über 20 cm erreichen, gerade männliche Frösche bleiben aber meist weit hinter diesen Ausmaßen zurück.

Gattung *Rana*

Die Gattung der Echten Frösche zählt derzeit weit über 200 Arten und gehört somit zu den artenreicheren. Die Raniden bevölkern fast alle Teile der Erde und fehlen nur in Australien. Auch viele unserer einheimischen Arten, die am Ende des Buches kurz vorgestellt werden, gehören in diese Gattung. Für die Terraristik halte ich diese meist sprunggewaltigen und an große Seen gewöhnten Tiere für ungeeignet, allerdings lassen sie sich bei entsprechendem Platzangebot sogar erfolgreich züchten, einige Arten sind regelmäßig im Handel anzutreffen.

Rana catesbeiana
Der Amerikanische Ochsenfrosch wird bis zu 20 cm lang und kommt im Osten der USA vor, von wo aus er langsam nach Westen vordringt. Die Oberseite zeigt sich in einem grün bis braun mit verschiedenen dunklen Mustern, die Körperunterseite ist weiß.
Die Haltung dieser Frösche empfiehlt sich eher im Gartenteich. Ein Zim-

merterrarium sollte mindestens 200x100 cm messen und zur Hälfte einen 20 cm tiefen Wasserteil aufweisen. Die Frösche werden bei Raumtemperaturen und einer Winterruhe gehalten. Das Futter für diese große Art besteht aus kleinen Wirbeltieren, auch Fischen, und großen Wirbellosen.

Rana pipiens
Hierbei handelt es sich um die verbreitetste Art der Leopardfrosch-Gruppe aus Nordamerika. Die Frösche ähneln unseren heimischen Grünfröschen sehr, sind auf der meist grünen Körperoberseite jedoch stärker schwarz gefleckt. Mit einer Körperlänge von 13 cm ist es ein recht großer Frosch.
Im Terrarium sind die Tiere sehr ausdauernd und sogar zur Fortpflanzung zu bringen. Die Behälter sollten bei diesem Frosch mindestens 120 cm lang sein und einen Wasserteil mit mindestens 15 cm Wasserstand besitzen. Diese

Links sehen Sie eine seltene Albinoform des Amerikanischen Ochsenfroschs, *R. catesbeiana*.

Den Leopardfrosch, *R. pipiens*, können Sie im Zimmerterrarium halten, empfehlen würde ich aber eine Freilandhaltung im Gartenteich.

81

Frösche sind mit ihren langen Beinen recht sprunggewaltig und schwimmen gerne. Eine Haltung im Gartenteich ist auch bei diesen artgerechter, hier dürfte eine Fortpflanzung erfolgreich laufen. Die Temperaturen können zwischen 18 ° und 25 °C liegen, wobei die Tiere auch gegen etwas abweichende Werte Toleranz zeigen. Fänge aus dem Süden der USA lieben es etwas wärmer. Das Futter umfaßt die ganze Palette der Wirbellose und auch kleine Mäuse.

Gattung *Rhacophorus*

Diese Gattung gehört zur Familie der Flug- oder auch Ruderfrösche und ist mit 57 Arten vertreten. Die Frösche sind laubfroschartig gebaut, leben meist arboricol und zeigen an den Fingern Haftscheiben. Bei einigen Arten der Familie sind die Schwimmhäute zwischen den Zehen stark vergrößert, was es den Fröschen bei Sprüngen von Ast zu Ast erlaubt, einen kurzen Gleitflug zu machen. Trotz des großen Verbreitungsgebiet in Südostasien, Teilen Chinas, Indiens und Japans ist nur eine Art über Jahre hinweg erfolgreich vermehrt worden.

Rhacophorus leucomystax
Der Weißbartruderfrosch wird gut 6 cm lang und besitzt eine hell- bis dunkelbraune Rückenseite mit dunkler Zeichnung, sowie eine weiße bis cremefarbene Bauchseite. Die Frösche sehen Laubfröschen sehr ähnlich und besitzen Haftscheiben und nur mäßig entwickelte Schwimmhäute.

Das Terrarium muß höher als lang sein und für einen Zuchtbesatz mit sechs Fröschen mindestens 60x60x80 cm groß gewählt werden. Der Boden kann ein durchgängiger Wasserteil sein. Die Nachzuchtbedingungen liegen bei 25 °C und einer Luftfeuchtigkeit nahe 100 Prozent mit täglichen Regenfällen. Die Paare befinden sich zur Eiablage im Amplexus. Die Weibchen bauen aus den austretenden Eiern mit einer Flüssigkeit Schaumnester an Pflanzenteilen über dem Wasser. Die Nester, die 500 bis 800 Eier enthalten, können Sie aus dem Terrarium entfernen und getrennt unterbringen. Die Nester müssen befeuchtet werden bis die Larven nach etwa zehn Tagen schlüpfen. Eine Aufzucht nach der Wannenmethode verläuft unproblematisch, die Metamorphose setzt nach sieben bis zehn Wochen ein. Die jungen Frösche können sofort mit Taufliegen und kleinen Grillen gefüttert werden.

Aquatische Froschlurche

Unter aquatischen Froschlurchen können Sie im Prinzip alle Arten verstehen, die niemals an Land gehen, also an ein Leben im Wasser gebunden sind. Hierzu gehören zwar weitläufig auch einige Raniden, aber im allgemeinen wird an dieser Stelle berechtigter Weise nur eine einzige Familie besprochen, die Pipidae.

Die Unterbringung dieser interessanten Froschlurche ist im Vergleich zur Haltung der terrestrischen Anuren denkbar unkompliziert, denn Sie können sich den gesamten Komfort der modernen Aquaristik zunutze machen. Die Frösche können in einfachen Vollglasaquarien untergebracht werden, an die eine Filteranlage mit Wärmeregelung und Sauerstoffzufuhr angebracht ist. Als Versteckmöglichkeiten können Sie Steine, Wurzeln, Tonblumentöpfe oder Wasserpflanzen anbieten, wobei Sie bei den größeren Arten auf Pflanzen generell verzichten können, da diese kräftigen Arten die Pflanzen bald zerstört haben. Als Bodengrund bietet sich Kies an, der bei den großen Wabenkröten der Gattung *Pipa* sehr grob gewählt werden kann. Die Nachzucht der einzelnen Gattungen gelingt leicht und Sie sollten keine Probleme haben, sich gesunde Frösche über den Handel zu beschaffen. Im folgenden gehe ich nur kurz auf die verbreitetsten Arten ein.

Wie alle aquatisch lebenden Froschlurche fühlt sich auch dieser Zwergkrallenfrosch der Gattung *Hymenochirus* in einem leicht beheizten Aquarium am wohlsten.

Hymenochirus boettgeri

Zur Gattung der Zwergkrallenfrösche, *Hymenochirus*, gehören vier Arten, von denen *H. boettgeri* neben *H. curticeps* am häufigsten angeboten werden. Die Unterschiede im Äußeren sind gering. *H. curticeps* wirkt etwas gedrungener und zeigt sich etwas glatter in der Haut. Die Grundfarbe beider Arten ist ein graubraun, der Kopf ist klein, die Augen liegen an dessen Oberseite. Finger und Zehen weisen deutliche Schwimmhäute auf. Die Verbreitung beschränkt sich auf Zentral- und Westafrika. Mit einer Gesamtlänge von nur 3 cm bleiben die Frösche recht klein und sind auch bei Aquarianern sehr beliebt.

Das Aquarium braucht nicht größer zu sein als 50 l mit einem Wasserstand, der bei 20 cm liegt. Die Tiere akzeptieren nur Lebendfutter in Form von Insektenlarven, Wasserflöhen oder *Tubifex*. Eine Zucht ist möglich und kann durch eine Temperaturerhöhung von 23° auf 28 °C ausgelöst werden, wobei bei diesen Arten die Haltungstemperatur bei 23 °C liegt. Die Paare zeigen ein interessantes Balzverhalten und legen im Zuge dieses Liebesspiels 100 bis 200 Eier ab. Die Eltern fressen die Eier und Larven, diese sollten deshalb unbedingt aus dem Becken der Alttiere entfernt werden. Die Larven schlüpfen nach drei Tagen, sind winzig und nur mit feinstem Zooplankton aus dem Teich oder einer Zucht zu füttern. Ältere Larven fressen auch zerriebenes *Tubifex*. Die Wassertemperatur kann zur Aufzucht zwischen 22° und 25 °C liegen, die Gesamtentwicklung dauert dann sechs bis neun Wochen.

Pipa pipa

Die Große Wabenkröte gehört zu den auffälligsten Vertretern der aquatischen Frösche. Ihre fünfeckige Körperform mit dem dreieckigen Kopf ist unverwechselbar und sie wirkt mit ihrer Länge von gelegentlich bis 20 cm äußerst urtümlich. Die Oberseite ist warzig und graubraun gefärbt, die Bauchseite zeigt eine schmutzig-weiße Färbung. An der Schnauze und den Fingerspitzen zeigen sich tentakelartige

---

Die große Wabenkröte, *Pipa pipa*, zeigt eine unverwechselbare Körperform, die mindestens genauso verwundert, wie die komplexe Fortpflanzung und Aufzucht der Larven.

Tastorgane, nur die Zehen tragen Krallen. Die Große Wabenkröte ist die verbreitetste Art ihrer Gattung und kommt im Amazonasgebiet im nördlichen Südamerika vor.

Zur Vermehrung benötigen die Frösche ein großes Aquarium mit mindesten 200 l Fassungsvermögen und einer Wasserhöhe von mindestens 60 cm. Durch das Installieren einer Pumpanlage erreichen Sie eine geringe Strömung, die dem natürlichen Lebensraum nahekommt. Nach einer Ruhephase von wenigen Wochen bei 20 °C bis 22 °C lösen Sie die Paarung durch einen Temperaturanstieg auf 26 °C aus. Die Paare brauchen nun absolute Ruhe, da der Laichvorgang schnell durch Störungen beendet wird. Am besten wird das Aquarium verhängt. Die Eizahlen betragen bis zu 100 Stück, die in charakteristischen Loopings gelegt werden, wobei die Eier befruchtet auf dem Rücken des Weibchens ankommen und dort von der geschwollenen Rückenhaut umwachsen werden, so daß jedes Ei in einer eigenen „Wabe" liegt. Nach drei bis vier Monaten verlassen vollentwickelte, kleine Wabenkröten, die sich schon einige Tage zuvor bewegen, diese Brutkammern. Es scheint trotz der extremen Größenunterschiede zu den Eltern nicht zum Kannibalismus zu kommen. Als Futter eignen sich nur bewegliche Futtertiere, oft nehmen die Kröten nur kleine Fische als Nahrung an, meist auch Guppys.

Ein Albino wie auf dem Bild ist bei den vielen Züchtungen des Glatten Krallenfroschs, *X. laevis,* keine Seltenheit mehr.

Xenopus laevis

Der Große, Glatte oder auch Afrikanische Krallenfrosch ist der am häufigsten gepflegte und nachgezogene Frosch der 14 *Xenopus*-Arten. Die Gattung ist weit im südlichen Afrika unterhalb der Sahara verbreitet und bewohnt dort vor allem ruhige Gewässer. Die Färbung ist oberseits graubraun mit verschiedenen, dunkleren Mustern, die Bauchseite cremefarben, jedoch werden im Handel häufig Albinos angeboten. Die Gesamterscheinung der über 10 cm großen Frösche ist geprägt durch den kleinen Kopf und durch die extrem kräftigen Hinterbeine mit den namensgebenden Krallen an den Zehen.

Das Aquarium mit 80 l Volumen bei mehreren Fröschen kann relativ einfach mit einigen Versteckmöglichkeiten eingerichtet sein. Wasserpflanzen haben bei diesen kräftigen Tieren keine Chance. Der Wasserstand sollte mit 30 cm nicht zu hoch sein und den Tieren zumindest von Steinen oder Wurzeln aus ein direktes Durchbrechen des Wasserspiegels zum Atmen ermöglichen.

Eine regelmäßige Nachzucht ist oft nur durch Hormonbehandlung möglich, doch kann auch bei dieser Gattung die Paarung durch natürliche Reize in Form einer Ruhepause bei etwa 15 °C ausgelöst werden. Die Laichmengen sind beachtlich und können bis zu 2000 Eiern reichen, aus denen nach zwei Tagen die Larven schlüpfen, die sich nach drei bis vier Monaten vollständig entwickelt haben. Ein Kannibalismus ist bei den Elterntieren zu beobachten, die Larven selbst filtrieren nur feinstes Aquarienfutter. *X. laevis* ist einer der Aquarienfrösche, der tatsächlich neben Frischfutter auch mit handelsüblichem Trockenfutter versorgt werden kann.

Der große Krallenfrosch, X. laevis, ist auch bei Aquarianern sehr beliebt und häufig im Handel anzutreffen. Neben der hier abgebildeten Färbung werden auch regelmäßig Albinos gezüchtet und verkauft.

Alle heimischen Froschlurche sind durch das Gesetz geschützt und dürfen nur mit ausdrücklicher Genehmigung im Terrarium gehalten werden. Aus diesem Grund verzichte ich hier auch auf die Beschreibung zur Haltung und Vermehrung und gebe Ihnen nur einen kurzen Überblick der heimischen Amphibienwelt mit Anhaltspunkte zur Bestimmung der häufigsten Arten.

Geburtshelferkröten

Gattung *Alytes*

Diese Gattung gehört ebenso wie *Bombina* zu der Familie der Scheibenzüngler. Angehörige dieser Familie besitzen keine ausschleuderbare Zunge. In unseren Breiten ist die Geburtshelferkröte, *Alytes obstetricans,* verbreitet, aber nicht sehr häufig. Dieser Froschlurch wird bis zu 5 cm lang und besitzt eine unauffällige Erscheinung. Der Rücken ist einheitlich dunkelgrau bis dunkelbraun gefärbt und warzig.

Das Verbreitungsgebiet erstreckt sich von Deutschland über die Schweiz bis zur Iberischen Halbinsel, wo eine weitere Art, die Iberische Geburtshelferkröte, *A. cisternasii,* beheimatet ist. Der Name dieser Scheibenzüngler geht auf das Brutpflegeverhalten der Männchen zurück, die sich die befruchteten Laichschnüre um ihre Hinterbeine wickeln und erst zum Zeitpunkt des Larvenschlupfs in einem geeigneten Gewässer ablegen.

Nur selten werden Sie das Männchen der Geburtshelferkröte, *A. obstetricans,* mit Laichschnüren um die Hinterbeine gewickelt sehen, wie auf diesem Bild. Die meiste Zeit des Jahres leben diese Froschlurche recht unauffällig und versteckt.

Unken

Gattung *Bombina*

Die Gattung *Bombina* ist in unseren Breiten mit zwei Arten vertreten, der Gelbbauchunke, *Bombina variegata*, und der Rotbauchunke, *Bombina bombina*. Die 4 bis 5 cm kleinen Unken sind auf dem Rücken warzig und unscheinbar schwarz bis oliv gefärbt. Die Bauchseite zeigt sich bei den Rotbauchunken in einem leuchtenden Rot, bei den Gelbbauchunken in einem kräftigen Gelb, wobei die farblichen Übergänge nicht immer eindeutig sind. Die farbige Bauchseite zeigt eine schwarze Musterung in unterschiedlichen Anteilen. Ein charakteristisches Merkmal der Unken ist ihre goldene Iris mit einer herzförmigen Pupille.

Auffällig sind die Unken, hier eine Gelbbauchunke, *Bombina variegata*, nur auf der Bauchbauchseite. Der Rücken ist warzig und in seiner Färbung dunkeloliv bis schwarz.

In ihrer Verbreitung unterscheiden sich die heimischen Unken deutlich voneinander. Die Gelbbauchunke finden Sie in Deutschland, Österreich und im Norden bis nach Dänemark und den südlichen Teil Schwedens. Die Gelbbauchunke ist auch unter dem Namen Tieflandunke bekannt. Sie ist nur in Niederungen anzutreffen. Die Rotbauchunke finden Sie bis nach Frankreich und über die Mittelmeergebiete bis in den Norden Griechenlands auch in größeren Höhen bis 1000 m. Unken bevorzugen kleinere, bewachsene Tümpel, in denen sie ihren Laich im Frühjahr in kleineren Ballen ablegen.

Wie alle heimischen Froschlurche halten sie eine Winterruhe von September oder Oktober bis März oder April.

Kröten

Gattung *Bufo*

Kröten sind Traditionslaicher und kehren immer zu den Gewässern ihres Schlupfes zurück, was zu den bekannten Krötenwanderungen und leider auch zu den Massensterben führt, wenn inzwischen eine Straße in den Laichweg gebaut wurde. Generell laichen sie sehr früh. Eine Schallblase ist kaum erkennbar.

Immerhin drei heimische Krötenarten können Sie entdecken, von denen die Erdkröte, *Bufo bufo*, die bekannteste und verbreitetste Art ist. Mit einer stattlichen Größe bis 15 cm werden die weiblichen Erdkröten etwa 5 cm größer als ihre Männchen. Die warzige, trockene Rückenhaut ist braun bis oliv ohne auffällige Zeichnungen, die Bauchseite cremefarben bis schmutzig grau. Die

Körperform ist krötentypisch, auffällig sind die großen Augen mit der waagerechten, ovalen Pupille und der goldenen Iris.

Die Erdkröte ist in gesamt Europa weit verbreitet und fühlt sich sogar in Parkanlagen wohl. Ihre natürliche Heimat sind feuchte Waldgebiete bis zu einer Höhe von 2100 m. Ihren Laich legen sie nach der Winterruhe wie alle heimischen Kröten in langen Laichschnüren in ihren Traditionsgewässern ab, wobei mehrere Tausend Eier von einem Weibchen produziert werden. Die Männchen zeigen regelrechte Kämpfe um ein Weibchen, das sie in den Amplexus bekommen können.

Sehr gut zu bestimmen ist die heimische Wechselkröte, *Bufo viridis*. Die 10 cm langen Kröten, Männchen bleiben nur geringfügig kleiner, zeigen auf einem cremefarbenen bis hellbraunen Unterton auf dem Rücken und an den Beinen charakteri-

stische, grüne bis olive Flecken, die scharf umzeichnet sind.

Sie finden die Wechselkröte im Südosten Europas und in Teilen Mitteleuropas. Im Gegensatz zur Erdkröte bevorzugt sie allerdings trockenere, sandige Böden. Die Laichablage ist analog zu *Bufo bufo*. Die kleinste heimische Kröte ist die Kreuzkröte, *Bufo calamita*. Sie wird maximal 8 cm lang. Als eindeutiges Erkennungsmerkmal finden Sie einen hellen Streifen auf dem Rücken, der entlang der Wirbelsäule verläuft. Die Grundfarbe dieser Kröte ist ein dunkleres Braun bis Schwarz mit einer marmorierten, helleren Bauchseite. Auffallend ist bei dieser Kröte die laufende, ungewöhnlich schnelle Fortbewegung, die eher an einen kleinen Nager als an eine Kröte erinnert.

Die Hauptverbreitung der Kreuzkröte ist der Norden Europas, wo sie sandige Gegenden bevorzugt und auch die Inseln der Nordsee besiedelt.

Auch bei der heimischen Kröte, *Bufo bufo*, ist das Männchen kleiner als das Weibchen und hält dieses zur Paarung fest im Amplexus.

An ihrer typischen Zeichnung, den grünen Flecken, ist die Wechselkröte, *B. viridis*, sehr leicht zu erkennen.

Der Punktierte Scheibenzüngler, *D. pictus,* zeigt in seiner Körperform große Ähnlichkeit zu den heimischen Echten Fröschen, besitzt aber wie alle Scheibenzüngler eine herzförmige Pupille.

Scheibenzüngler

Gattung *Discoglossus*

Eine weitere Gattung der Familie der *Discoglossidae* stellen diese bis 7 cm langen Scheibenzüngler dar, die mit zwei Arten, *D. pictus* und *D. sardus,* in Südeuropa bis Nordafrika vorkommen. Der Gemalte und der Gefleckte Scheibenzüngler sehen vom Körperbau den heimischen Echten Fröschen ähnlich, können jedoch anhand der typischen herzförmigen Pupille von diesen gut unterschieden werden. Die Körperfärbung ist oberseits beige bis hellbraun mit vielen hell gesäumten Flecken bei *D. pictus* und einer Musterung bei *D. sardus,* die Sie nur auf den Inseln des Mittelmeeres finden werden.

Laubfrosch

Gattung *Hyla*

Mit nur einer Art ist die Gattung *Hyla* bei uns vertreten und dennoch handelt es sich bei unserem heimischen Laubfrosch, *Hyla arborea,* um einen der bekanntesten Vertreter unserer Anuren. Der Laubfrosch ist stark vom Aussterben bedroht und nur noch selten in freier Natur zu beobachten. Die nur 4 bis

Leider sehr selten geworden ist die einzige heimische Laubfroschart, H. arborea. Für einen Baumbewohner wirkt er robust und kompakt, ist jedoch sehr lebendig und springt weit und sicher. Die Haltung ist, wie bei allen heimischen Froschlurchen, strengstens reglementiert.

5 cm großen Frösche zeigen eine grüne bis graue Färbung auf dem Rücken und den Gliedmaßen, wobei sich ein schwarzer Streifen von der Nase über die Augen bis zur Mitte der Seiten zieht, die Pupille ist oval und liegt waagerecht. *Hyla arborea* ist der einzige Baumfrosch unserer Breiten und besitzt Haftscheiben an Fingern und Zehen. Die Männchen besitzen eine sehr große, kehlständige Schallblase.Der Lebensraum umfaßt ufernahe Böschungen im westlichen Europa. Der Laich wird in kleineren Ballen in Gewässern abgelegt.

Knoblauchkröten

Gattung Pelobates
Die Gattung *Pelobates* ist bei uns mit einer Art vertreten, der Knoblauchkröte, *P. fuscus*. Die krötenartigen Froschlurche werden bis 8 cm lang und verströmen einen an Knoblauch erinnernden Geruch. Die Grundfärbung ist ein Braungelb mit einigen Flecken, die ins Olive gehen können oder einfach etwas dunkler sind. Die ovale Pupille liegt senkrecht und ist von einer goldenen Iris umgeben.

Der Grasfrosch, *R. temporaria,* ist der häufigste Frosch unserer Breiten. Seine plumpe Gestalt unterscheidet ihn von den anderen Braunfröschen, die wesentlich schlanker gebaut sind und im Falle des Springfroschs, *R. dalmatina,* auch längere Hinterbeine besitzen.

Die Art finden Sie im gesamten Europa, mit Ausnahme Nord- und Südeuropas, auf sandigen Böden. In Südfrankreich finden Sie mit der Französischen Knoblauchkröte, *P. cultripes,* eine weitere Art. Die Frösche sind äußerst schnelle Graber und können sich so blitzschnell im sandigen Untergrund verstecken.

Springfrosch, *R. dalmatina,* und der mit 6 bis 7 cm kleinste Moorfrosch, *R. arvalis*. Die Braunfrösche sehen sich auf den ersten Blick sehr ähnlich, Sie können sie jedoch mit etwas Übung leicht unterscheiden. Der Grasfrosch wirkt oft recht robust und plump und zeigt meist hellere Längsstreifen auf dem Rücken. Die Hinterbeine reichen vorgebogen bis zur Schnauzenspitze. Im Gegensatz hierzu besitzt der Springfrosch eine schlankere Form und seine Hinterbeine reichen weit über die Schnauzenspitze hinaus. Der Moorfrosch zeigt eine insgesamt elegante Erscheinung mit einer weißen Bauchseite und oftmals einem

Der Springfrosch, *R. dalmatina,* besitzt auffallend lange Hinterbeine, die nach vorne gestreckt weit über die Schnauzenspitze reichen und ihn so von den anderen Braunfröschen unterscheiden.

Echte Frösche

Gattung *Rana*

Die artenreichste heimische Gattung wird grob in Grün- und Braunfrösche aufgeteilt.
Die häufigsten Braunfrösche sind der allgegenwärtige bis 12 cm große Grasfrosch, *R. temporaria,* der bis 8 cm lange

hellen Streifen auf der Rückenmitte. In der Paarungszeit zeigen die Männchen eine hellblaue Färbung.
Die Verbreitung des Grasfroschs geht im Norden bis zum Nordkap. Der Springfrosch ist in Südeuropa bis Mitteleuropa verbreitet, der Moorfrosch vor allem in Mittel- und Osteuropa.
Zu den Grünfröschen zählen der bis zu

Die Grünfrösche unterscheiden sich unteinander vor allem in ihrer Größe und leichten Farbnuancen. Der rechts abgebildete Seefrosch, *R. ridibunda*, ist der größte Grünfrosch und zeigt insgesamt eine eher bräunliche bis gräuliche Färbung, bei der ein hellerer Rückenstreifen nicht immer ins Auge fällt. Der unten abgebildete Wasserfrosch, *R. esculenta*, zeigt deutlich eine grüne Färbung mit einem hellen Mittelstreifen auf dem Rücken.

18 cm große Seefrosch, *R. ridibunda,* der Wasserfrosch, *R. esculenta,* der eine Bastardierung der beiden anderen Grünfrösche darstellt und sich jeweils mit einem dieser paaren muß, sowie der Kleine Wasserfrosch, *R. lessonae,* der nur 8 cm lang wird. Alle Arten zeigen zwei seitliche Schallblasen in den Mundwinkeln und eine grüne bis braune Rückenfärbung mit scharzen bis dunkelbraunen Flecken. Entlang der Wirbelsäulezieht sich ein mehr oder weniger heller Streifen . Die Haut ist insgesamt feucht und glatt. Die Bauchseite zeigt sich weiß bis grau marmoriert.

Die Frösche legen ihren Laich zum Teil recht früh im Jahr in großen Laichballen in Gewässern ab.

bede-Bücher für Ihr Hobby

Ihr Hobby Boas und Phytons
ISBN 3-933 646-39-1

Ihr Hobby Frösche, Kröten und Unken
ISBN 3-933 646-40-5

Ihr Hobby Griechische Landschildkröten
ISBN 3-933 646-20-0

 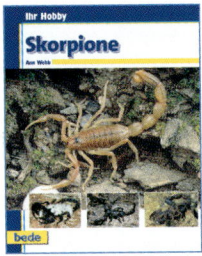 

Ihr Hobby Leguane
ISBN 3-933 646-18-9

Ihr Hobby Skorpione
ISBN 3-933 646-16-2

Ihr Hobby Vogelspinnen
ISBN 3-933 646-15-4

Mit der neuen Erfolgsreihe aus dem bede-Verlag bieten wir Ihnen für Ihr Terrarientier das passende Buch. Auf jeweils 96 Seiten geben Fachautoren viele wertvolle Informationen zur Haltung und Pflege Ihres Terrarienpfleglings. Jeder Titel umfaßt etwa 100 faszinierende Farbbilder, die zum Teil hier erstmals publiziert werden.

Für nur **DM 24,80** je Titel ein Muß für jeden Hobby-Terrarianer.

Informativ und zugleich faszinierend – der Dauerbrenner aus dem bede-Verlag.
Unsere Terraristik-Reihe umfaßt inzwischen 26 Toptitel zu aktuellen Themen. Ob Sie nun Schlangen, Schildkröten oder Frösche zu Hause halten, hier werden Sie die passende Literatur dazu finden.

Jeder Titel umfaßt 64 Seiten geballte Information und 60 bis 80 Farbbilder in brillanter Foto-Finish Hochglanzlackierung.
Lassen auch Sie sich begeistern und fragen Sie bei Ihrem Fachhändler unverbindlich nach dem kompletten Buchprogramm aus dem bede-Verlag. Je Titel für nur DM 16,80.

Fordern Sie unverbindlich eine Gesamtübersicht über unser Buchprogramm an!